Wohnen
mit
Büchern

Wohnen mit Büchern

ALAN POWERS

AUGUSTUS

Für Eleanor

Die Deutsche Bibliothek – CIP-Einheitsaufnahme

Wohnen mit Büchern / Alan Powers. [Aus dem Engl. übers. von Wiebke Krabbe]. – München: Augustus-Verl., 2000
   Einheitssacht.: Living with books <dt.>
   ISBN 3-8043-0784-1

Die englische Originalausgabe erschien bei Mitchell Beazley, 2 – 4 Heron Quays, London E 14 4JB, unter dem Titel: Living with books

Copyright © Octopus Publishing Group Ltd 1999

Übersetzung: Wiebke Krabbe, Damlos
Lektorat der deutschen Ausgabe: Eva-Maria Müller, Augsburg
Herstellung der deutschen Ausgabe: Charmaine Müller
Layout: Lovelock & Co.
Zeichnungen (S. 128–139): Amanda Patton

Augustus Verlag München 2000
© Weltbild Ratgeber Verlage GmbH & Co. KG.

Satz: satz-studio GmbH, Bäumenheim
Reproduktion: Vimnice Printing Press Co. Ltd., Hongkong
Druck und Bindung: Toppan Printing Co.

ISBN 3-8043-0784-1

Printed in China

INHALT

DAS BUCH IN DER GESELLSCHAFT

Bücher sind eine Informationsquelle. Sie enthalten Text, der auf unterschiedliche Weise Nutzen bringen kann. Heute sind uns Texte in verschiedenster Form zugänglich: elektronisch, auf CDs und auf Tonbändern. Gibt es also in unserer modernen Welt überhaupt noch einen Platz für diese gebundenen Papierstapel? Ganz sicher leben wir in einem Zeitalter, in dem zum ersten Mal seit Erfindung des Buchdrucks vor 500 Jahren das Medium Buch nicht mehr an erster Stelle steht. Dennoch ist es unwahrscheinlich, dass die Bücher ganz aus unserem Leben verschwinden. Schließlich sind sie keine neutralen Informationsträger wie die anderen, sondern Kunstwerke für sich.

Was wir heute »Buch« nennen, bezeichnete man in der Antike als »Codex«: Große Pergament-Bögen wurden gefaltet und in Seitengröße zerschnitten. So waren die Schriftstücke leichter zu transportieren. Beinahe 1500 Jahre spä-

Oben Holzschnitt einer Buchdruckerei des 17. Jahrhunderts. Im Hintergrund die Setzkästen mit den Lettern, aus denen Zeilen und Seiten zusammengefügt werden. Zwei Männer bedienen die Presse: Der eine trägt mit Lederkissen die Tinte auf, der andere legt das Papier in die Presse und nimmt es wieder ab. So werden jeweils vier Seiten auf einen Bogen gedruckt, der später noch gefalzt und gebunden wird.

Links Esra schreibt das Heilige Buch aus dem Gedächtnis nieder; Illustration aus einem Manuskript des 8. Jahrhunderts. Die Bücher im Hintergrund liegen horizontal, nicht senkrecht aufgestellt, im Regal. Hinter den Schranktüren konnten sie – im Mittelalter Kostbarkeiten von unschätzbarem Wert – sicher verschlossen werden.

Unten Dieser Holzschnitt aus dem 16 Jahrhundert von Jost Amman illustriert die frühen
Tage des Buchdrucks in Deutschland. Bis zum
19. Jahrhundert änderte sich nichts Grund-
legendes an der Technik. Trotz des simplen
Verfahrens konnten gute Handwerker mit
Metall-Lettern und handgeschöpftem Papier
exzellente Resultate erzielen. Außerdem waren
viele Drucker zugleich Verleger. Durch ihre
Publikationen prägten sie das Denken und die
Geistesgeschichte der westlichen Welt.

ter, als Johannes Gutenberg 1452 in Mainz die Buchdruckerkunst
erfand, erlebte das Buch seine zweite Geburt: Das bisher von
einem Schreiber handgeschriebene wurde jetzt durch das ge-
druckte Werk abgelöst. Bis nach dem Zweiten Weltkrieg basierte
der Buchdruck im Grunde auf Gutenbergs Prinzip, bei dem die
Schrift mit Hilfe erhabener Buchstaben auf das Papier gepresst
wird. Allerdings wurden mit Hilfe der seit dem 19. Jahrhundert
eingesetzten Dampfkraft die Druckerpressen wesentlich schneller,
und auch die Papierpreise fielen – bei gleichzeitig abnehmender
Qualität. Erst in den 60er Jahren dieses Jahrhunderts vollzog sich
die zweite große Revolution in der Buchkunst, als nämlich der
Druck mit Metall-Lettern durch Fotosatz und lithografische Druck-
platten ersetzt wurde. So konnten Bücher noch einfacher hergestellt werden und sie wurden preiswerter.

»Im Leben eines Sammlers herrscht eine dialektische Spannung zwischen Ordnung und Unordnung«, notierte der unstete Gelehrte Walter Benjamin in den 30er Jahren, als er das Auspacken seiner Bibliothek beschrieb. Er wusste, dass Bücher unabhängig von ihrem Nutzen eine symbolische Bedeutung haben, die ihnen Vorrang vor anderen Besitztümern gibt. Die Tatsache, dass man nahezu jedes Buch in einer guten Bibliothek ausleihen kann, ist kein Ersatz für das eigene Exemplar, mit seiner individuellen Geschichte und den persönlichen Assoziationen. Benjamin beschreibt den Jagdeifer, der allen ungewöhnlichen Buchkäufen vorangeht: »Einer der schönsten Momente im Leben eines Sammlers ist der, wenn er ein Buch ergattert, an das er nie zuvor gedacht und das er viel weniger noch bewusst gesucht hätte. Er entdeckt das Buch einsam und verlassen am Markt und kauft es, um ihm die Freiheit zu schenken – so wie der Prinz aus *Tausendundeiner Nacht* die schöne Sklavin kauft. Wissen Sie, für einen Sammler findet ein Buch die wahre Freiheit irgendwo in seinen Regalen.«

Diese beinahe menschlichen Züge von Büchern tragen wesentlich zu dem Genuss bei, sie zu besitzen. Und noch viel mehr Freude bereiten sie, wenn sie ihrer Bedeutung angemessen und stilvoll untergebracht sind. Wichtig dabei ist die harmonische Übereinkunft zwischen dem Charakter des Raumes, dem des Besitzers und der Art von Büchern, die sich dort finden.

Unten Das Arbeitszimmer des Komponisten Johannes Brahms. Die einfachen Holzregale an einer Wand, die eine Tür verstellen, haben einen bemerkenswert modernen Charakter. Das liegt zum einen an ihrer Schlichtheit, zum anderen aber auch an ihrer beinahe provisorisch wirkenden Machart.

Oben Der Druck aus dem Jahr 1813 zeigt eine »zirkulierende Bibliothek«, in der eingetragene Mitglieder Bücher ausleihen konnten. Zu dieser Zeit waren Bücher bereits für breitere Gesellschaftsschichten verfügbar. Durch den damit verbundenen Wissenszuwachs kamen soziale Veränderungen in Gang, zu denen auch die Einrichtung kostenloser öffentlicher Bibliotheken im späten 19. Jahrhundert gehörte.

Links Dieses schlichte bürgerliche Interieur zur Mitte des 19. Jahrhunderts in Deutschland deutet darauf hin, dass der Besitzer ein ernsthafter Gelehrter ist. Zur Zeit, als das Gemälde entstand, war ein mit Büchern ausgestattetes Arbeitszimmer kein Privileg der Reichen mehr.

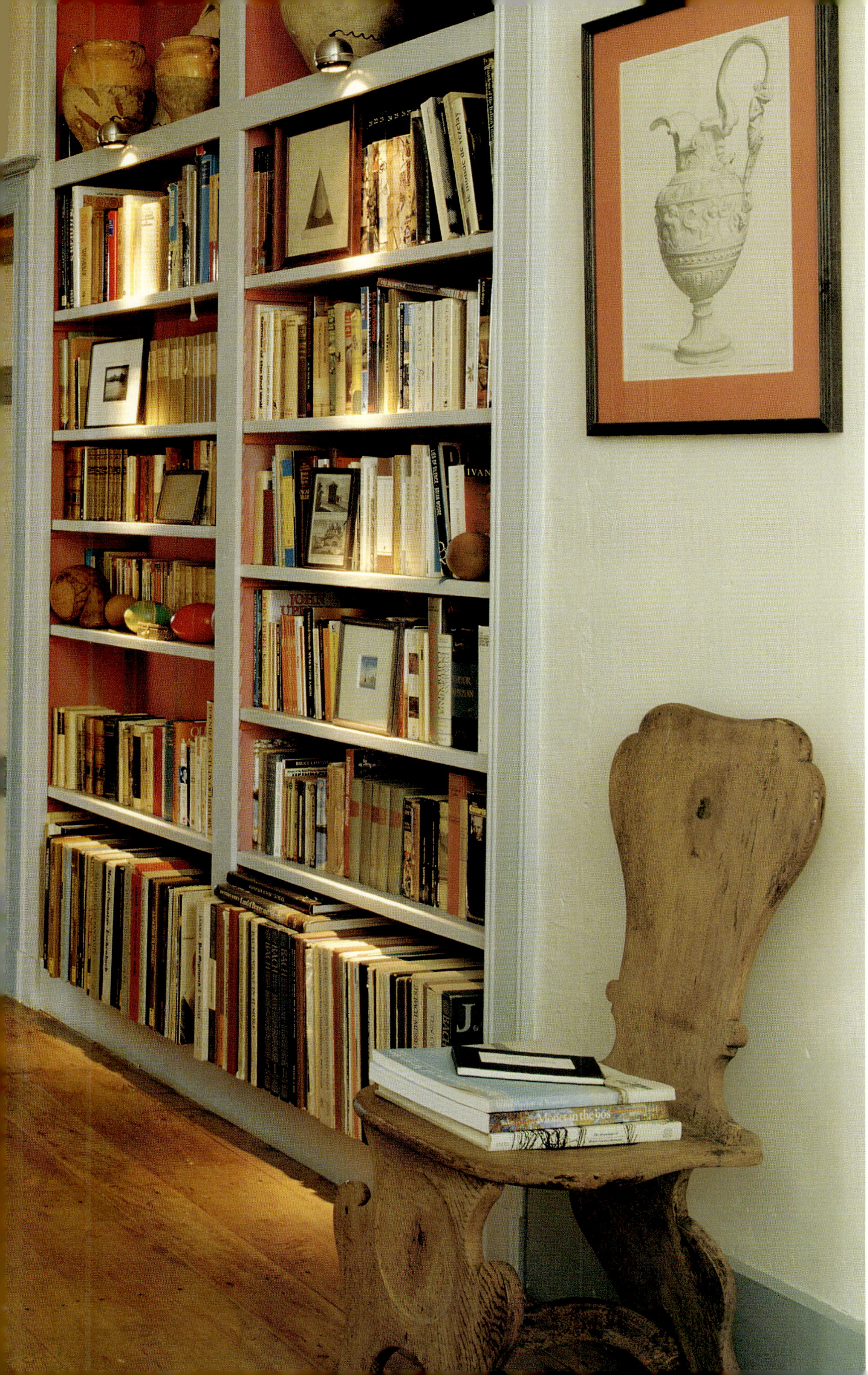

DIE HAUSBIBLIOTHEK

Für eine umfassende Büchersammlung benötigt man einen speziellen Raum. Die ersten Bibliotheken, etwa im 16. Jahrhundert, waren vorwiegend Räume der Stille, in die man sich zurückzog. Im späten 18. Jahrhundert jedoch wurden Bücher für ein breiteres Publikum verfügbar, sie waren reicher illustriert, und auch ihr Inhalt präsentierte sich weniger ernst. Diese Entwicklung führte dazu, dass die private Bibliothek sich zu einem Raum wandelte, in dem die Familienmitglieder zwanglos beisammen saßen. Ein vollendetes Beispiel für diese neue Auffassung ist die Bibliothek von Kenwood House im Londoner Stadtteil Hampstead Heath. Der 1767 von Robert Adam gestaltete Raum enthält eingebaute Bücherregale, doch der größere Teil der Wandfläche ist verspiegelt. Im Jahre 1838 erklärte J. C. Loudon, damals eine Autorität in Einrichtungsfragen, selbstbewusst: »Heutzutage ist eine Villa oder ein Landhaus mit mehr als zwei Wohnräumen ohne eine Bibliothek nicht komplett.«

Rechts In dieser Arbeitsbibliothek in einem Mailänder Penthouse sind verschiedene Aufbewahrungs- und Präsentationsmöglichkeiten für Bücher elegant miteinander kombiniert. Der Tisch mit integrierten Schüben für Pläne und Zeichnungen endet in frei tragenden Bücherfächern.

Unten Der Dachraum dieser Studio-Bibliothek wird geschickt durch eine eingebaute Galerie genutzt, die nach vorn auskragt und so Platz für Sessel und Tisch bietet. Mit seinen bequemen Möbeln, den Bildern und dem durch das große Dachfenster flutenden Tageslicht wirkt der Raum wohnlich und einladend.

Privatbibliotheken heute sind behagliche, einladende Räume, die manchmal an die Kabinette und Studierzimmer der Renaissance erinnern. Sie dienen der Erweiterung des persönlichen Lebensraums, ob sie nun tatsächlich für Studienzwecke eingerichtet wurden, dem Besitzerstolz schmeicheln sollen oder einfach Platz zum genüsslichen Stöbern und Blättern bieten. In jedem Fall aber müssen die Bücher sichtbar sein, auch wenn eine streng katalogisierte Aufstellungsordnung wie in öffentlichen Bibliotheken nicht erforderlich ist. Die standardisierten Formate moderner Bücher erweisen sich beim Einrichten als Vorteil, da sich hieraus sofort eine Anordnung nach Größen ergibt – wobei diese vom Boden zur Decke hin abnehmen sollten. Eine derartige Aufteilung bringt nahezu klassische Proportionen in den Abständen der Regalböden mit sich.

Häufig sind Bibliotheksregale nach einem zweiteiligen Muster aufgebaut, das von den beweglichen Bücherschränken herrührt. Diese waren im oberen Bereich meist verglast oder vergittert, der untere Teil bis zur Fußleiste war mit Schranktüren zu verschließen. Der gesamte Aufbau folgt dem Prinzip einer klassischen Säule, d. h. über dem Sockel mit kleinem Vorsprung setzt der Regalbereich an – äquivalent zu

Oben Die Hausbibliothek des schwedischen Bildhauers Carl Milles. Die Bücherschränke sind mit vereinfachten klassischen Details verziert, die sich bei den übrigen Möbeln wiederholen. Andernorts mag das überbreite Mittelteil der Bücherwand ästhetisch unausgewogen wirken – hier verleiht es dem Raum durch den horizontalen Akzent eine ruhige Ausstrahlung und lenkt den Blick von den Wänden nach innen. Die warmen Grautöne, typisch für den schwedischen Klassizismus, schaffen eine ruhige und gleichzeitig lichte Grundstimmung.

Links Eine unkonventionelle Einrichtung, die den Charakter des kleinen Raumes prägt. Der Schrank mit seinen »Schlafaugen«-Griffen erinnert an ein kubistisches Gesicht, seine ausgefallene Kontur wiederholt sich in dem schräg liegenden Teppich. Zwar muss diese Bibliothek ohne Tageslicht auskommen, allerdings verstärkt der weiß gestrichene Bretterboden das Licht aus dem Nebenraum. Die Leselampe hängt tief über dem Tisch, der weiße Schirm sorgt für augenschonendes Licht.

Basis und Schaft einer Säule. Den oberen Abschluss bildet ein durchgehendes Band in Form eines Profils oder eines Frieses. Manchmal wird der klassische Aufbau durch angedeutete Säulen und Kapitelle noch betont, meist entsteht diese Assoziation jedoch lediglich durch die ausgewogene Gestaltung des Bücherschranks, der dadurch zugleich optisch ansprechend und praktisch im Gebrauch ist.

Die Wirkung einer Bibliothek hängt aber nicht allein von Art und Gestaltung der Bücherregale ab, sondern wesentlich auch vom Licht. Natürlich spielen hierbei praktische Gesichtspunkte eine Rolle, für Tages- und Abendnutzung, doch hängt auch die Gesamtwirkung des Raumes von seiner Ausleuchtung ab. Wichtig ist die Beziehung zwischen der Stelle, an der der Leser sitzt, und dem ganzen Raum. Lesen ist nicht nur eine Beschäftigung des Geistes, sondern des ganzen Körpers, und natürliches, veränderliches Tageslicht schafft mit Sicherheit die angenehmste Atmosphäre. Wo immer möglich, sollten Sie auch zu Hause das Tageslicht ausnutzen. Andere Lichtquellen sollten so angeordnet sein, dass sie nicht blenden – auch nicht durch Lichtreflexe. Leselampen für den Abend sollten weder zu hoch angebracht noch zu hell sein.

Oben Wie eine moderne Galerie wirkt diese minimalistische Wohnung eines Londoner Kunsthändlers. Das solide Holzregal gliedert den Raum; es setzt für das Auge einen Maßstab und wirkt als Blickpunkt. In diesem gänzlich offenen Raum dient die Bücherwand zugleich als Raumteiler zwischen Bibliothek und Wohnbereich.

Bücherschränke und -regale müssen nicht dunkel sein. Die hier vorgestellten Beispiele zeigen, wie durch helles Naturholz oder fröhliche Farben eine leichte und frische Wirkung erzielt werden kann. Gerne wird die Bücherwand auch durch eine Tür oder andere Öffnung unterbrochen. So entsteht der Eindruck von Weite, der Raum wirkt weniger abgeschlossen. Mrs. Haweis, die in spätviktorianischer Zeit Akzente zur Modernisierung der Inneneinrichtung setzte, meinte zu diesem Thema: »In blassem Blau, Weiß oder Grün gestrichen, lackiert und vor dem Einstellen der Bücher gut getrocknet, können Bücherregale einen wesentlichen Beitrag zur Schönheit eines Raumes leisten ... Nischen können mit japanischem Goldpapier ausgekleidet und Türen mit Blumen, Insekten, Muscheln oder anspruchsvolleren Motiven bemalt werden ... Ich bevorzuge in einer Bibliothek Möbel in heiteren Farben, weil die Masse der Bücher, selbst wenn die Rücken vergoldet sind, immer etwas dunkel und schwer wirkt.«

Im 18. und 19. Jahrhundert bauten Architekten Bücherregale gern in die Wand ein, wobei der Balkensturz bündig mit der Wand abschloss. So blieb der rechteckige Grundriss des Raumes erhalten. Moderne Bautechniken bieten wenig Möglichkeit, die Wandstärke mit einzubeziehen, also wird man die Bibliothek im Raum integrieren müssen. Hier ist gestalterische Geschicklichkeit erforderlich, um dem Raum eine neue Qualität zu verleihen – so dass er weder überfüllt noch streng wirkt und auch die Vertikale nicht zu stark betont wird.

Linke Seite Bücher und Rundungen passen vermeintlich nicht zusammen. In dieser Bibliothek entsteht auf diese Weise aber ein in sich geschlossener Bereich mit Durchblicken.

Oben Dieses Regal mit seinen Unterteilungen wirkt für sich schon wie ein Objekt. Dass die Größe und Form der Fächer variiert, erhöht den Reiz.

Links Wie spannend es sein kann, eine Wand komplett mit einem Bücherregal zu besetzen, illustriert dieses Treppenplateau. Die kräftige Farbe sorgt für ein klares Eigenleben dieses Bereichs.

Nächste Doppelseite In dieser Bibliothek bilden der frei bleibende Raum über dem Regal und die senkrechten Zierprofile die Ordnungskriterien für die große Bücherwand und schaffen eine klassische Formenhierarchie. Neben dem ästhetischen erfüllt das Abschlussbord auch einen praktischen Zweck: Ohne die Bücher würde die Aufstellung von Objekten so hoch oben unmotiviert wirken.

DIE DEKORATIVE BIBLIOTHEK

Typisch für Hausbibliotheken sind farbig gestrichene oder gebeizte Holzregale. Im unteren Bereich sind häufig Schrankelemente mit Türen angeordnet, oben schließt das Regal mit einem Profil ab. Die Schränkchen lassen sich wunderbar für andere Dinge nutzen, z. B. zur Unterbringung von Fernsehapparat, Videorecorder und Stereoanlage. Auch Regale zum Aufbewahren von CDs kann man hier einbauen. Der Raum über den Büchern hingegen wird zum idealen Ausstellungsort für all das, was George Smith in seinem *Cabinet-Maker and Upholsterer's Guide* von 1826 sinngemäß als »antike Vasen oder ausgewählte Stücke dekorativen Porzellans« beschrieb.

Edith Wharton und Ogden Codman, Autoren von *The Decoration of Houses* (1902) hatten offenbar genug von Bibliotheken dieses Stils und sehnten sich nach einer Alternative. Französische Bibliotheken des 18. Jahrhunderts erschienen ihnen als Inbegriff der Perfektion. »Für Räume von Bedeutung«, so Wharton/Codman, »zieht es der französische Architekt grundsätzlich vor, die Regale in Wandnischen einzubauen und so die Bücher als Teil der Raumgestaltung mit einzubeziehen... Die Wände einer Bibliothek zu tapezieren und sie dann mit kostspieligen Bücherschränken zu verstellen ist Verschwendung, wenn nicht gar falscher Umgang mit Wirkungen – in jedem Fall aber ein Verstoß gegen ästhetische Prinzipien.«

Rechts Eine gewisse formale Strenge wirkt in einer Bibliothek nie deplaziert, vor allem, wenn interessante Details wie diese Kupferlampen, der hölzerne Fasan und der edle Windsor-Stuhl zusätzliche Akzente setzen. Die Oberlichter sorgen für ausgewogene Tageslicht-Beleuchtung und schaffen zugleich den Effekt eines Raumes im Raum.

Oben Bibliotheken in älteren Häusern präsentieren sich oft ähnlich schlicht und unverschnörkelt wie diejenigen moderner Interieurs. Hier lässt die viktorianische Feuerschutzdecke keinen Zweifel an ihrem praktischen Nutzen, die Petroleum-Hängelampe dürfte allerdings eher dekorative Zwecke erfüllen.

Links Die warmen Farben von Büchern stehen in reizvollem Kontrast zu kräftigen, kühlen Tönen wie dem Türkisgrün dieses Bücherschrankes. Auch zum Farbton der Bodenfliesen und der Trittleiter, die Vertrauen erweckend stabil aussieht, ergibt sich ein Kontrast. Auf diese Weise lassen sich traditionelle Elemente zu einem zeitgemäßen Ensemble umgestalten. Die Griffknöpfe und die Zierprofile an den Regalböden sorgen für dezente Dekoration.

In einer Bibliothek geht es immer auch darum, Bücher nicht nur zu verstauen, sondern auch angemessen zu präsentieren. Deshalb sind u. a. waagerechte Flächen erforderlich, beispielsweise für Neuzugänge oder Exemplare mit besonders attraktiven Einbänden. Ein weiterer Vorteil ist ein Tisch, an dem man meist konzentrierter lesen kann als in einem Sessel, vor allem, wenn mit mehreren Büchern gleichzeitig gearbeitet werden muss. Insbesondere Bildbände sind oft zu groß und zu schwer, um sie auf den Knien zu halten oder gar im Bett zu lesen, deshalb sind ein gut beleuchteter Tisch und ein bequemer Stuhl ein wahrer Segen. In elisabethanischer Zeit legte man Bücher auf spezielle Kissen, um den Einband zu schonen. Liebhabern antiquarischer Bücher könnte diese Gewohnheit vielleicht eine Neubelebung wert sein.

Oben Diese auf den ersten Blick sehr strenge wissenschaftliche Bibliothek aus dem 17. Jahrhundert hat trotzdem noch Platz für einige Spielereien, man achte nur auf die bemalten Balken. Die grün lackierten Holzgitter an den frei stehenden Bücherschränken fungieren als weiteres dekoratives Detail.

Rechts Wo die Decke besonders hoch ist, kann auch das Bücherregal in die Höhe wachsen – vorausgesetzt, man denkt an eine Leiter. Hier folgen die Regale der Kontur der Dachschräge, mit Hilfe der verschiebbaren Leiter erreicht man problemlos auch die hohen Borde. Bücher in hoher Position haben eine ähnlich unwiderstehliche Anziehungskraft wie der Apfel an der Spitze eines Baumes.

Links Der holzvertäfelte Raum in Harry Gullichsens Villa Mairea, Noormarkku, Finnland, wurde 1939 von Alvar Aalto im Zuge der Renovierung des Hauses gestaltet. Er dient als Bibliothek und Arbeitszimmer.

ENTDECKEN

BUCHHANDLUNGEN

Das Vergnügen, Bücher zu besitzen, beginnt in der Buchhandlung. Jedes Buch hat seinen eigenen Charakter – und das eröffnet auch den Buchhandlungen unbegrenzte Möglichkeiten. Antiquariate verfügen in der Regel über das indivicuellste Sortiment, und deren Besitzer zeichnet meist ein außerordentliches Wissen und die tiefgreifende Liebe zu Büchern aus. Hier kann man sich ungehemmt der Jagd nach dem ganz besonderen Buch hingeben. Aber auch neue Bücher können in einzigartiger Umgebung verkauft werden, gleichgültig, ob es sich um einen k einen Buchladen oder die Filiale einer größeren Kette handelt.

Ein kluger Buchhändler wird seine Kunden einladen, sich reichlich Zeit zu rehmen – auch auf die Gefahr hin, dass sie das Geschäft als Bibliothek nutzen. Sofas und Sessel setzen sich immer mehr durch, viele Geschäfte bieten auch bequeme Leseecken an. In der Kinderbuchecke findet man niedrige Regale und lustige Möbel, damit auch die Kunden von morgen sich wohl fühlen. Mit derartigen Angeboten locken insbesondere große Buchhandlungen die Buchinteressenten.

Oben Scheinbar herrscht absolute Unordnung in diesem Antiquariat, doch mit Sicherheit weiß der Besitzer genau, wo welches Buch zu finden ist. Nicht zu ahnen, worauf man als Nächstes stoßen wird, gehört für den Kunden zum Reiz des Stöberns und Schmökerns dazu.

Links Der attraktive Buchladen der Tate Gallery in Liverpool wurde von Michael Wilford & Associates in einem umgebauten Lagerhaus eingerichtet. Auf Tischen ausgelegt oder in Ständern offenherzig präsentiert, laden die Bücher zum Blättern ein. Auch in Wohnräumen zeichnet sich der Trend ab, kunstvolle Bücher auf einem Tisch »auszustellen«.

Rechts Mit Polstermöbeln, Bildern und Pflanzen wirkt dieser Buchladen eher wie ein anheimelndes Wohnzimmer. Obwohl der Versandhandel für Bücher boomt und die Konkurrenz der anderen Unterhaltungsmedien groß ist, erlebt der klassische Buchhandel im ausgehenden 20. Jahrhundert eine Renaissance.

Links Londons eleganteste Buchhandlung, Heywood Hill in der Curzon Street, wurde in den 30er Jahren eröffnet. Hier werden nicht nur Bücher verkauft. Das Geschäft ist auch Umschlagplatz für allerlei literarischen und gesellschaftlichen Klatsch, und das Personal kennt Vorlieben und Abneigungen jedes einzelnen Kunden genau. Alte und neue Bücher stehen hier einvernehmlich nebeneinander, um ein möglichst breit gefächertes Angebot abzudecken.

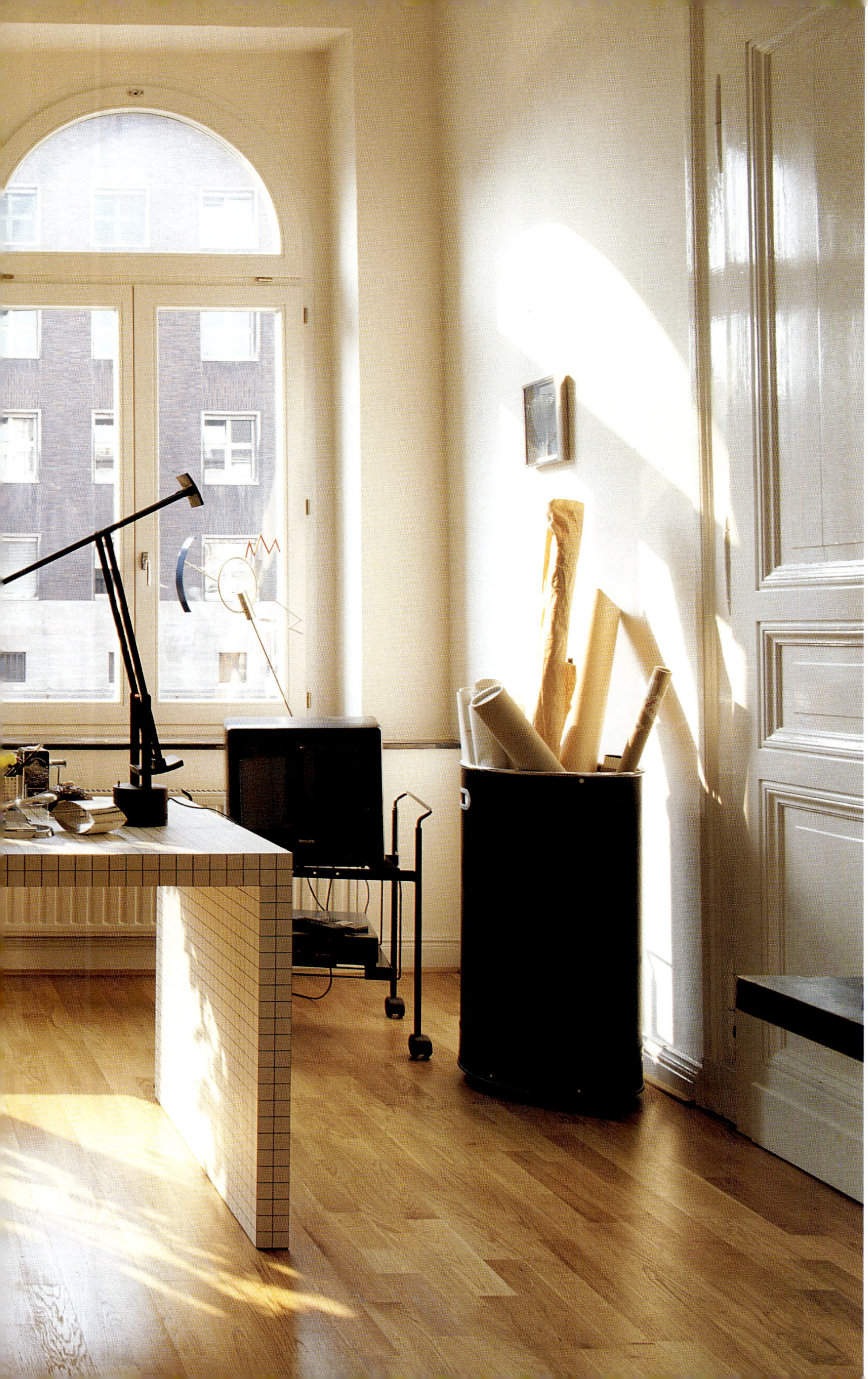

ARBEITEN UND WOHNEN

Im Wohnbereich lässt sich die Grenze zwischen Arbeits-zimmer und Bibliothek nur schwer definieren. Oft ist die Bibliothek zugleich der Raum, in dem man liest, schreibt oder zeichnet – sei es aus beruflichen oder aus rein privaten Gründen. Dennoch gibt es den Raum (oder Teil eines Rau-mes), der auf den ersten Blick als »Büro« oder Arbeitsplatz zu erkennen ist. Zu den feinen Unterschieden gehören etwa ein Computer, ein Faxgerät oder Telefon. Die Trennung zwischen privater Bibliothek und Arbeitsbereich hat auch durchaus ihre Vorteile, schließlich will man sich am Arbeits-platz konzentrieren und Ablenkungen vermeiden. Noch vor zwanzig Jahren gab es nur wenige Freiberufler, die zu Hause arbeiteten. Soziale und technologische Umwälzungen ha-ben dazu geführt, dass das Arbeiten zu Hause heute üblich, wenn nicht unvermeidlich ist. Der Arbeitsmarkt ist flexibler geworden und bietet – vor allem für Frauen – neue Mög-lichkeiten. Auch die Büros fallen zunehmend kleiner aus und dienen, selbst bei Vollzeitbeschäftigung, meist nicht mehr als alleiniger Stützpunkt. Computer und Fax, Internet-An-schluss und Anrufbeantworter machen das Ein-Personen-Büro ohne Sekretärin und Empfang möglich, und solange der Platzbedarf des technischen Equipments abnimmt, setzt sich auch die Tendenz zur Raumminimierung fort. Während sich im Firmenbereich Großraumbüros immer mehr durch-setzen, avanciert der Arbeitsplatz zu Hause zum Rückzugs-gebiet für eine individuelle Atmosphäre.

Links Der von Büchern gerahmte Arbeitsraum eines Architekten. Auf dem klappbaren Esstisch ist das Zeichenbrett aufgebaut, das Telefon versteckt sich diskret zwi-schen den Büchern. Als Sitzgele-genheit mit bequemer Rücken-lehne fungiert der Esszimmer-stuhl aus dem 19. Jahrhundert. Das Beispiel zeigt, dass die An-forderungen eines modernen Arbeitsplatzes nahtlos auch in einen stilvollen Wohnraum in-tegriert werden können.

Links An diesem Arbeitsplatz, der in einem Gästezimmer untergebracht ist, dient eine Tischplatte auf Böcken als Schreibtisch. Das Regalsystem, dessen Stützen zwischen Boden und Decke eingespannt werden, ist genial einfach. Die Fachböden liegen auf Trägern auf, die in die Schlitze eingeschoben und ganz nach Bedarf versetzt werden können. Insgesamt entsteht so eine robuste, handwerkliche Optik, die an den Stil des russischen Konstruktivismus erinnert. Weil das Regal nicht an der Wand befestigt werden muss, ist es besonders umzugsfreundlich.

Oben Die durch einen verkleideten Kamin entstehende Ecknische wurde hier für ein Einbauregal sinnvoll genutzt. Dessen schlichter Stil ebenso wie der Metallschreibtisch und die Bürolampe schaffen eine sachlich-ruhige und effektive Arbeitsatmosphäre.

Rechts Nach Jahren intensiver Beanspruchung wurde dieser alte Küchentisch als geräumiger Schreibtisch zu neuem Leben erweckt. Bemerkenswert auch die schlichten Rollos, die den Arbeitsplatz beschatten, ohne den gesamten Raum abzudunkeln.

Oben An diesem pfiffigen Arbeitsplatz ist ein modernes Regalsystem geschickt in ein altes Haus integriert worden. Alles ist gut durchdacht: Das Tageslicht fällt genau auf den Schreibtisch, die Bücher stehen griffbereit zur Hand.

Links Das Büro als Krähennest: Eine elegante architektonische Lösung, die wirkungsvoll auch den Kontrast zwischen den alten Bodendielen und modernen Materialien ausspielt.

DER GANZ PERSÖNLICHE ARBEITSPLATZ

Vor allem in kreativen Berufen ist es unerlässlich, eine Reihe von Büchern stets zur Hand zu haben – Nachschlagewerke, Bände, die als »Fundgrube« genutzt werden, oder Titel, die ein bestimmtes Themengebiet abdecken. Ein derartig angelegtes Heimbüro ist zugleich Bibliothek – mit dem Flair eines Studierzimmers aus dem 19. Jahrhundert, in dem u. a. zahlreiche Schriftsteller dem Treiben der Welt entflohen. Beispiele für solche Refugien sind etwa die Dachkammer von Thomas Carlyle in der Londoner Cheyne Row oder der in Kork gehaltene Arbeitsraum von Marcel Proust in Paris.

Solche Domizile unterscheiden sich aber auch von Arbeitsplätzen zu Hause, wo laufend das Telefon klingelt und die Außenwelt ihren Tribut fordert. Dieser zweite Typ von Arbeitszimmer entspricht mehr dem viktorianischen Business Room, der dem »maskulinen« Teil des Hauses zugeordnet und durch entsprechende Einrichtung von den »femininen« Räumen abgegrenzt war.

Selbstverständlich ist die geschlechtsspezifische Charakterisierung eines derartigen Raumes heute nicht mehr zutreffend.

Überall, wo Bücher eine wichtige Rolle spielen, wird der Stil des Raumes von verschiedenen Elementen geprägt. Zwangsläufig gehören Regale mit zur Grundausstattung, und aller Wahrscheinlichkeit nach fallen diese in einem Büro- oder Arbeitsraum sachlicher aus als in einer Bibliothek. Besonders bewährt haben sich im Arbeitsbereich die Schienensysteme. Sie sind schnell und einfach zu montieren, bei Bedarf lässt sich die Aufteilung problemlos umgestalten. Lösungen finden sich für jeden Geldbeutel, und auch die preiswerten Modelle können sich sehen lassen. Als problematisch erweisen sich allerdings Regalböden aus beschichteten Spanplatten, die bei größerer Belastung mit der Zeit durchhängen.

Der Architekt Le Corbusier, einer der herausragenden Vertreter der Neuen Sachlichkeit in den 20er Jahren, sah in Standardbüromöbeln das Grundmodell für alle modernen Möbel – im Gegensatz zu den bis dahin üblichen Produkten der Tischler und Polsterer. Auch anderen bedeutenden Designern der Moderne stand die nüchterne und funktionelle Ästhetik von Arbeitsräumen für eine radikale Revolution in der Inneneinrichtung Pate. Beispiel hierfür ist das berühmte Aufbewahrungssystem von Charles und Ray Eames aus den 50er Jahren, mit dem sie der Tendenz zur Verschmelzung von Wohn- und Arbeitsbereich etwa vierzig Jahre voraus waren.

Oben Für ein auf das Wesentliche beschränktes Einrichtungskonzept sind Schränke von Bedeutung. Sie prägen den Charakter des kleinen Arbeitszimmers und wirken durch die schlanken Füße trotzdem nicht erdrückend. Praktisch und zugleich dekorativ ist die Schiene für die Leiter am Regal. Sie passt zu dem leichten Drahtgestell des Tisches, einem Entwurf von André Dubreuil.

Rechts In diesem offenen, sehr sparsam eingerichteten Arbeitszimmer setzt das frei gespannte Lampenkabel einen geschickten Akzent: Es nimmt die Rundung des Fensterbogens spiegelverkehrt wieder auf. Der natürliche Sisal-Bodenbelag steht in angenehmem Kontrast zu den Metallfüßen des Bürotisches. Einen Blick aus nächster Nähe auf das Regal eröffnen Ihnen die Seiten 36/37.

Links Ein Beispiel für minimalistische Raumgestaltung in Reinkultur: Im vormaligen Kamin ist ein Rollcontainer untergebracht, die Bücherregale verschwinden hinter Einbautüren. Der Tisch mit großer Glasplatte bietet reichlich Arbeitsfläche, ohne die transparente Atmosphäre des Raumes zu stören. Bei diesem sorgfältig durchdachten und gestalteten Heim-Arbeitsplatz kann man zu Recht von einem Pendant des »papierlosen Büros« sprechen.

Nächste Doppelseite Allzu viele Bücher am Arbeitsplatz wirken schnell wirr und unübersichtlich. Hier ist es nur ein einzelnes Regalbrett, das außerdem kreativ und individuell genutzt wird: Zwischen den Büchern stecken Schwarzweißfotos indischer Skulpturen. Die abgenutzten Einbände mancher Bücher harmonieren bemerkenswert gut mit dem verwitterten Stein auf der Fotos.

Oben Umbauten alter Häuser sind heute beliebter denn je. In diesem lichtdurchfluteten Arbeitszimmer wird die vorhandene Bausubstanz geschickt genutzt. Der Arbeitsbereich setzt sich oberhalb der offenen Balkendecke fort und wird durch eine Leiter erschlossen. Einfache Kastenregale sorgen für ausreichend Stauraum; sie scheinen durch Abrückung vom Boden trotz ihrer Last im Raum zu schweben.

Rechts Der Bereich unterhalb der Galerie ist dem Arbeitsplatz vorbehalten, so ergibt sich eine dezente Abgrenzung zum Wohnraum. Drei Hängeschränke mit Glastüren lockern die strenge Regalwand geschickt auf.

ARBEITEN IM WOHNBEREICH

Grundsätzlich lässt sich der Arbeitsplatz auch in einem anderweitig genutzten Raum einrichten. Harry Gullichsens Bibliothek in der Villa Mairea (siehe Seite 22) wurde unter dem Aspekt einer solchen Doppelfunktion ausgebaut: Sie diente zum Arbeiten ebenso wie für Besprechungen und gesellige Treffen. Der Architekt Alvar Aalto platzierte zwischen Arbeitsbereich und dem »öffentlichen« Bibliotheksraum eine geschwungene Wand, die die individuelle Sphäre abschirmt und gleichzeitig suggeriert, dass dort Bedeutsames geleistet wird. So eindeutig muss die Trennung allerdings gar nicht vollzogen sein. Ist die Decke hoch genug, kann beispielsweise mit einem Podest, auf dem der Arbeitsplatz eingerichtet ist, derselbe Effekt erzielt werden. Eine gute Alternative ist auch ein Raumteiler in Schulterhöhe: Sobald man am Schreibtisch sitzt, fallen die optischen Ablenkungen im Raum weg. Idealerweise wird man jedoch keine viereckige Kastenzelle aufbauen, sondern auf weiche, geschwungene Formen zurückgreifen, die sich harmonischer in den Gesamtraum einfügen.

Unten Der herrliche Blick auf die Dachterrasse belohnt für jede mühevoll am Schreibtisch verbrachte Stunde. Damit die Türen ins Freie nicht verstellt werden, musste der Tisch vergleichsweise schmal ausfallen. Decke und Schranktüren unter dem Regal sind mit der gleicher Tapete bezogen – ein wirkungsvoller Trick, um die verschiedenen Raumelemente stärker zusammenzubinden.

Selbstverständlich kann ein Heimbüro auch mehrere Zwecke erfüllen, beispielsweise als Esszimmer genutzt werden. Gerade dann spricht viel für einen minimalistischen Stil, bei dem die wenigen Einrichtungsobjekte sehr sorgfältig ausgewählt werden und man bemüht ist, alles andere bestmöglich dem Blick zu entziehen. In dieser Hinsicht werden Schränke interessant, die wiederum mit ausgefallenen Farben oder attraktiven Oberflächen zu eigenständigen dekorativen Elementen avancieren können. Bei entsprechenden räumlichen Voraussetzungen lohnt es sich hierbei auch, platzsparende Schiebe- anstatt der üblichen Drehtüren in Erwägung zu ziehen. Im späten 19. Jahrhundert war es gängige Praxis, alles was das Auge störte, hinter Vorhängen zu verstecken, heutige Einrichtungskonzepte neigen dagegen oftmals dazu, Textilien ganz zu verbannen. Nutzen Sie am häuslichen Arbeitsplatz jeden Winkel als Stauraum. Vor allem bei Räumen mit Doppel- oder Mehrfachfunktion zahlt es sich aus, wenn die Spuren der täglichen Arbeit mit geringem Aufwand zu beseitigen sind – etwa mittels eines Schranks oder Rollcontainers.

Linke Seite In diesem eleganten, trotzdem aber streng funktionalen und schlichten Arbeitszimmer mit kräftigen Farbakzenten verbirgt sich hinter leuchtend roten Schranktüren ... ganz Alltägliches. Das außergewöhnliche Design des Möbelstücks lässt große Erwartungen wachsen – die durch das einfache Regal im Inneren sofort weggespült werden. Eine spielerische, augenzwinkernde Note, durch die Gestalten noch mehr Freude bereiten kann.

Links Aus Bücherregalen plus Glasplatte wird im Handumdrehen ein Zeichentisch. Zum Konzept vom »Verschwinden« bestimmter Elemente gehört neben der transparenten Tischfläche auch der runde Hocker mit Plexiglassockel. Die Bücherregale ragen über die Arbeitsfläche hinaus und schaffen so einen »Raum im Raum«.

Links Dieses schnörkellose Büro in einem großen, quadratischen Raum ist so schlicht und elegant gehalten, dass die deckenhohen Regale nicht übergewichtig wirken. In jedem gut durchdachten Heimbüro herrscht Ausgewogenheit zwischen optischen Reizen und Ruhezonen für das Auge. Hier wird dieses Gleichgewicht durch eine überlegte Anordnung der Schreibtische und die geschickte Beleuchtung geschaffen. Vom Arbeitsplatz aus hat man die Tür im Blick, so dass man Besucher kommen sieht und gegebenenfalls auch abweisen kann.

Linke Seite In diesem Beispiel liegt die Betonung wohl eher auf »Büro« und weniger auf »Heim«; trotzdem ist der Raum hell und freundlich gestaltet. Unterschiedliche Oberflächenstrukturen und Gestaltungsdetails sorgen für Abwechslung und lenken das Auge in den Raum. Die weißen Schiebetüren hinter dem Schreibtisch können als Projektionsfläche genutzt werden und fungieren gleichzeitig als ruhiges optisches Gegengewicht zu den zahlreichen Bücherzeilen.

Manche Menschen ziehen einen Arbeitsplatz mitten im Raum, von dem aus sie Übersicht nach allen Seiten haben, einem Platz an der Wand oder in einer Ecke vor. Ein Schreibtisch ist im Grunde ein einfacher Tisch – und auch Designern fällt wenig Neues dazu ein. Am Arbeitsplatz zu Hause benötigt man neben Büchern auch Platz für Papiere und Akten, die durchaus auch in offenen Kartons abgelegt werden können. Persönlicher wirken solche Arbeitsutensilien durch eine differenzierende Farbgebung, plakative Beschriftung oder eine andere funktionale Gestaltung. Auch Aktenschränke sind oftmals eine Notwendigkeit. Leider können sie einen Raum recht schnell dominieren. Nur selten bieten Büromöbelhersteller attraktive Farbtöne an, doch kann man die Schränke problemlos selbst streichen und den optischen Reiz gegebenenfalls durch eine zweifarbige Gestaltung noch steigern. In Zeiten des Personal Computers muss auch nicht jedes Dokument auf Papier ausgedruckt und abgelegt werden, so dass man hier in beengten räumlichen Verhältnissen Platz sparen kann. Allerdings wirkt der Computer-Arbeitsplatz in nahezu allen Büros beherrschend – zumindest solange der »virtuelle«, unsichtbare Computer noch nicht erfunden ist.

TROMPE L'ŒIL

ATTRAPPEN &

Auch in Hinblick auf rein dekorative Zwecke sind Bücher ungemein vielseitig. Lange vor den Surrealisten entdeckten Designer und Dekorateure die Möglichkeiten des Trompe l'Œil mit Büchern, z.B. für Bücherschränke, die einfach Attrappen enthielten. Um 1820 meinte der Autor Charles Lamb: »Ich kann alles lesen, was ich Buch nenne, doch kein gebundenes und in Buchform gestaltetes Damespiel.« In den 20er und 30er Jahren war es Mode, aus alten Bucheinbänden Zigarrenkisten herzustellen – zum Schaden der Gesundheit wie der Bücher. Die Tradition der Täuschung wurde auch in der Nachkriegszeit fortgesetzt, etwa von dem italienischen Designer Piero Fornasetti, der Schränke und Vitrinen, aber auch Paravents und Stoffe, mit Buchrücken-Optik entwarf.

Praktischen Sinn macht eine Buch-Attrappe beispielsweise dann, wenn etwas zu verbergen ist, was zwischen den Büchern stören würde. Unser Auge ist so an Bücherregale als Raumhintergrund gewöhnt, dass es eine amüsante Überraschung bedeuten kann, die Täuschung zu entdecken. In solchen Fällen geht es nicht mehr um die eigentliche Bedeutung von Büchern, sondern um ihren rein dekorativen Wert.

Oben In der Bibliothek des Komponisten George Gershwin sind die meisten Partituren echt. Aber Vorsicht! Einige Einbandrücken sind auf Lautsprecherboxen aufgemalt – eine genial einfache und wirkungsvolle Täuschung.

Oben und Rechts Zwei Entwürfe von Fornasetti, in denen die Trompe-l'Œil-Technik ganz unterschiedlich eingesetzt wird. Für den Beistelltisch werden Bücher aus ihrem angestammten Kontext herausgerissen und dadurch verfremdet. Im Schränkchen sind sie an »ihrem« Platz – allerdings kombiniert mit einer vorhangverhängten, geheimnisvollen »Fensteraussicht«.

Links Eine faszinierende Tapete mit Buchrücken-Dekor von Brunschwig & Fils. Während die meisten Buch-Trompe-l'Œils eher langweilig wirken, führt dieses lebendig und ansprechend gestaltete Dekorationsbeispiel geradezu vor, wie attraktiv ein echtes Bücherregal gestaltet sein könnte. Einige der aufgedruckten Buchumschläge sehen sogar aus, als handele es sich um imitierte Tapetenmuster. Die Verwirrung wäre komplett, würde man einige echte Bücher mit dieser Tapete einbinden.

Rechts Eine alte Idee im neuen Gewand: Die Schranktüren einer Bibliothek sind mit Buchimitationen verkleidet. Besonders raffiniert ist dieser Trick, weil durch das Glas hindurch noch weniger erkennbar wird, dass es sich um eine Täuschung handelt.

FLURE, ECKEN UND WINKEL

Ob eine Wohnung über einen speziellen Raum für Bücher verfügt, etwa ein Arbeitszimmer oder eine Bibliothek, sagt wenig über die Einstellung der Bewohner zu Büchern aus. Vielmehr wird es in einem Haus, in dem man Bücher liebt, kaum einen Raum ohne Bücher geben. Und am besten erkennt man den Grad der Bibliophilie (oder Bibliomanie) an dem Erfindungsgeist, mit dem jeder noch so kleine Freiraum zur Unterbringung von Büchern entdeckt und eingerichtet wird. Bücher können überall zur Steigerung der Raumqualität beitragen, wenn sie mit dem entsprechenden Gespür für Gestaltung untergebracht werden. Insbesondere die Kombination mit anderen Gegenständen – praktischen wie dekorativen – ist eine der kreativsten und fruchtbarsten Möglichkeiten, mit Büchern zu leben. Sie können dekorativ eingesetzt werden, um Atmosphäre zu schaffen, noch entscheidender ist aber, dass sie die Struktur des Raumes beeinflussen können, in dem sie sich befinden. Gibt es überall im Haus Bücher und wird man überall zum Lesen angeregt, führt dies mitunter zu völlig neuen Verhaltensweisen in einem Raum.

Rechte Seite Mit dem Verlauf der Wendeltreppe winden sich Bücher, eingelassen in die Holzvertäfelung der Wand, nach oben – dem Licht entgegen. Zwischen Stufen und Regalfächern besteht eine deutliche optische Parallele. Das Beispiel illustriert in idealer Weise, wie ein ansonsten ungenutzter Bereich für eine Nutzung »geöffnet« und dabei noch optisch aufgewertet werden kann.

Unten Hier treffen mehrere Sammelleidenschaften zusammen: Bücher gesellen sich zu prächtigen Modelleisenbahnen und historischen Kameras. Zur Präsentation der Objekte wird geschickt das unterschiedliche Bodenniveau genutzt. Reizvoll wirkt auch die unterschiedliche Dicke der Regalböden: Einige der kastenartigen Fächer scheinen dadurch in den Raum vorzuspringen.

TREPPEN UND TREPPENABSÄTZE

Um ein Haus komplett mit Büchern zu füllen, würden zerstreute Bücher-
würmer wohl am Boden beginnen und darauf Wolkenkratzer aus Büchern
aufbauen: Denn schließlich ist an ihrer Höhe ja der Fortschritt der Lektüre
zu erkennen. Auch Treppen erweisen sich als überaus praktisch, da an
beiden Seiten etwa 30 Zentimeter zur Verfügung stehen, die zum Gehen
nicht unbedingt benötigt werden. Hier lassen sich wunderbar Bücher
stapeln. Natürlich kann man so wohnen – schwieriger wird es allerdings
für Mitbewohner, die dieses Lebensgefühl nicht teilen. Aber keine Sorge –
selbst eine große Büchersammlung ist mit etwas Einfallsreichtum so
unterzubringen, dass das Haus weiterhin normal funktioniert. Vor allem
bietet sich hier eine Nutzung bisher vergeudeter Freiräume an, die dadurch außerdem noch attraktiver werden – etwa in Dielen und Fluren,
auf Treppen und Treppenabsätzen. Manche Bücher scheinen für solche
Übergangsbereiche geradezu prädestiniert, Landkarten und Reiseführer
beispielsweise, nach denen man so im Vorbeigehen greifen kann.

Linke Seite Im höhlenartigen Raum dieses
kompromisslos moderner Hauses eines Londoner Architekten spielt die Bücherwand eine
wichtige Rolle als Übergangszone zwischen
dem oberen und unteren Stockwerk. Der
Blick von unten ruft eine unstillbare Sehn-
sucht nach den in schwindelerreger der Höhe
schwebenden Schätzen hervor.

Links Ein Bibliothekar würde dieses Aufbewahrungssystem sicherlich nicht empfehlen.
Neben der Tatsache, dass es auf diese Weise
schwer fallen dürfte, einen bestimmten Titel
zu finden, besteht die Gefahr, die Bücher zu
beschädigen – ganz abgesehen von dem
Verletzungsrisiko für den Benutzer. Innenarchitekten und Designer dürften dieser
Anordnung hingegen wohlwollend gegen-
überstehen: Sie wirkt spektakulär und bietet
außerdem ein Maximum an Raumnutzung.

Einer der Grundgedanken moderner Architektur besteht darin, anstelle separater Räume offene Bereiche zu schaffen. In den Pariser Villen beispielsweise, die Le Corbusier in den 20er Jahren entwarf, gibt es kaum Zimmer im eigentlichen Sinne, sondern lediglich große Aufenthaltszonen mit Sitzgelegenheiten. (Ironischerweise verwirklichen zeitgenössische Architekten solche Konzepte eher beim Umbau alter Gebäude als in Neubauten.)

Offene Raumkonzepte erfordern Geschicklichkeit im Hinblick auf eine effektive Nutzung. Die hier vorgestellten Unterbringungsmöglichkeiten für Bücher in unkonventionellen Räumen illustrieren, wie auch in Durchgangsbereichen Blick- und Haltepunkte geschaffen werden können, ohne dass man seinen Weg wirklich unterbrechen muss. Dass bei gelungenen Gestaltungen das Überraschungsmoment eine wichtige Rolle spielt, ist längst erkannt, und insbesondere mit Regalen lassen sich zahlreiche originelle Lösungen realisieren. Sie sorgen dafür, dass ein Haus nicht mit Büchern vollgestopft wirkt, sondern dass sich von unterschiedlichen Standpunkten aus immer neue Ansichten bieten.

Oben Bücher auf der Galerie. Dieser Bereich der offenen Wohnlandschaft erfüllt eine völlig eigenständige Funktion und wird allein durch schlichte Regale bewohnbar gemacht. Ein im Stil kongenialer Zweisitzer lädt zum gemeinsamen Lesen ein, wie damals Abélard und Héloïse im mittelalterlichen Paris.

Links Diese kühn gestaltete Treppe schafft bequemen Zugang zu den Büchern in oberen Etagen, gleichzeitig bietet sie Platz zum Präsentieren einzelner Titel. Vor allem aber sorgt sie in einem ansonsten sehr konventionellen Raum für ein besonderes Erlebnis. Geschickt gewählte Proportionen wie hier sind für die Gesamtwirkung ausschlaggebend.

Links Dieses Haus in Islington nördlich von London wurde 1994 von dem Architekturbüro Future Systems entworfen und erreichte schnell einige Berühmtheit. Im Rahmen des radikalen Umbaus eines Reihenhauses aus dem 19. Jahrhundert wurde hier ein atemberaubend hohes Regal integriert. Sinnvollerweise besteht die Konstruktion aus einem Leichtmetallgerüst.

VERZWICKTE WINKEL

Allein der Blick auf eine Gruppe von Büchern weckt den Wunsch, in ihnen zu blättern, und oftmals genügt eine bescheidene Lesezone in unmittelbarer Nähe – sogar ohne Sitzgelegenheit –, um zumindest einem Teil des Raumes Anziehungskraft zu verleihen. Besonders reizvoll sind breite Fensterbänke, in denen man sich aus dem Raum zurückziehen kann. Charlotte Brontë beschreibt diese Situation im Eröffnungskapitel von *Jane Eyre*, als sich ihre geplagte zehnjährige Heldin auf solche Weise dem Studium von Bewicks *History of British Birds* hingibt: »Ich kletterte auf die Fensterbank, zog die Füße hoch und setzte mich mit gekreuzten Beinen hin, wie ein Türke. Dann zog ich die roten Moiré-Vorhänge bis auf einen schmalen Spalt zu und hatte so eine doppelte Abgeschiedenheit gewonnen.«

Durch Regale auf unterschiedlichem Höhenniveau lässt sich eine kurze, spannende Reise zum Buch inszenieren. Besonders raffiniert wirkt, nach den Prinzipien der Gartengestaltung, ein Rundweg, auf dem man das Objekt aus der Distanz erspäht, aus den Augen verliert und – welches Glück – anschließend wiederfindet. Solche Tricks lassen einen kleinen Raum größer wirken. Plant man außerdem noch Überraschungseffekte mit ein, eröffnen sich Unterbringungsmöglichkeiten für Bücher an Stellen, wo man sie nicht vermuten würde.

Viel ist schon gewonnen, wenn man sich von der Vorstellung konventioneller Bücherregale löst und diese als wichtiges Element der Raumgestaltung begreift. Sie könnten beispielsweise leicht gerundete Form haben, rechtwinklig zur Wand stehen oder als eigenständiges Einrichtungsobjekt im Raum platziert werden.

Rechts Beim Betreten der Wohnungstreppe des Londoner Künstlers Anish Kapoor fällt der Blick auf ein Einbauregal. Die schlichte Glas-Balustrade garantiert ein Höchstmaß an Transparenz und wirkt gleichzeitig wie ein sanfter Schleier. Seitlich fällt geheimnisvoll Licht auf das Regal, der niedrige Buchständer lädt zum Lesen ein.

Rechts In diesem Mansarden-atelier eines Londoner Künstlers wurde das Regal so in eine Nische eingebaut, dass kein direktes Licht vom Fenster auf die Bücher fällt. Die schwarz gestrichenen Pfosten auf den Stufen schaffen einen Über-gangsbereich zwischen Studio und angrenzendem Raum. Beim Stöbern im Bücherregal bieten sich das Treppenpodest und auch die Schwelle der oberen Tür als Sitzgelegenheit an.

Links Dieser Gang in einer Mailänder Wohnung zeigt eine raffinierte Lösung zur Unterbrin-gung von Zeitschriften. Bei den gegebenen räumlichen Verhält-nissen könnte man hier auf kon-ventionelle Art nur schwerlich Regale aufstellen; mit diesem System hingegen bleibt genü-gend Platz zum Durchgang, und die Zeitschriften sind bequem zu erreichen. Optisch ergibt sich mit den vom Boden abgerück-ten, hellen Holzflächen zudem eine interessante Raumstruktur.

Vorige Doppelseite Unter dem Dach eines Hauses im Kolonial- stil wurde hier mit schlichten, unbehandelten Regalen, die das schmale Fenster einfassen, ein Arbeitsbereich eingerichtet. Die Regale passen perfekt zu der offenen Holzbalkendecke, den Verstrebungen und der Balust- rade und wirken fast wie ein gewachsener Bestandteil des Gebäudes.

Rechte Seite Vor der senkrecht laufenden Nut-und-Feder-Ver- schalung der Wand wirkt das schmale, hohe Regal ganz selbst- verständlich. Horizontale Bücher- ablagen haben den Vorteil, dass der Titel auf dem Rücken lesbar ist, ohne dass man den Kopf um 90° drehen muss.

Oben Ebenso schlicht wie stilvoll präsentieren sich diese einfach zusammengesteckten Regale. Senkrecht aufgestellte Bücher würden die Wirkung zunichte machen. So aber tragen die schmalen Bücherregale erheblich zu einer attraktiven Gestaltung des Bereichs zwi- schen Küche und Treppenauf- gang bei.

Rechts Der Pfiff dieses kleinen Regals liegt in der Form der Fachböden, die sich zur Wand hin verjüngen. Das Motiv erin- nert an die dekorativen Details von Jugendstil-Gebäuden. Zu viele Bücher würden seine Wir- kung allerdings beeinträchtigen.

Bücher können auch im Weg stehen, deshalb spricht nichts dagegen, sie auch einmal an einen Ort zu verbannen, der nur schwierig zu erreichen ist – vorausgesetzt, die Schwierigkeit bedeutet keine Unmöglichkeit. In Haushalten mit Kleinkindern kann dies sogar eine sinnvolle Vorsichtsmaßnahme sein. Hoch angebrachte Regale mildern den Übergang von der Wand zur Decke; sie schließen den Raum höhlenartig zusammen und sorgen so für eine behagliche Atmosphäre. In den meisten Fällen enthält die Buchkollektion Exemplare, die zwar alte Freunde geworden sind, aber nicht unbedingt häufig besucht werden müssen. Für sie eignet sich ein Platz, wo man sie zwar sieht, aber nicht unbedingt zur Hand hat.

Oben In einem Penthouse hoch über der Stadt scheinen die Grenzen zwischen drinnen und draußen sich aufzulösen. Obwohl die Bücher unter der Fensterzeile von der Galerie aus zu erreichen sind, scheinen sie in eine gewisse Distanz gerückt.

Rechts Die Regale im »Whisky-Faß«-Haus von Findhorn, einer ökologisch ausgerichteten Wohngemeinschaft, tragen zu der heimeligen Wohnatmosphäre bei.

Rechts Über die Leiter, die von einem Schiffsdeck stammen könnte, gelangt man in einen verglasten, abgeschlossenen Galerie-Leseraum, der dadurch höchsten Reiz gewinnt. Geschickt wird so der hohe Raum über dem Treppenabsatz genutzt und eine freundliche Empfangsatmosphäre geschaffen, bevor man in den eigentlichen Wohnbereich gelangt.

Durchgangszonen wirken spannender, wenn sie als Stationen empfunden werden, die man im Zuge einer Reise durchlaufen muss. Solche Intervalle entstehen unter anderem auch durch wechselnde Lichtverhältnisse; sie regen den Geist an und lassen eine Wohnung größer wirken, als sie ist. Unser Bedürfnis nach Schutz und gleichzeitig Überblick hat nach Ansicht mancher Wissenschaftler seinen Ursprung in der Savanne – der Wiege des Menschen also. In dieser offenen Landschaft finden sich in Abständen immer wieder vereinzelte Bäume, die Schutz und Schatten bieten, gleichzeitig aber die Sicht nicht verstellen.

Eine kluge Innenraumgestaltung erzeugt dieses Gefühl des offenen Raumes bei gleichzeitigem Umschlossen- und Geschützt-Sein durch jeweils angemessene Lichtführung und Dimensionierung. Das kann z. B. durch Vorsprünge an den Seiten, durch Einzug niedrigerer Decken oder durch beides geschehen. In beiden Fällen lässt sich der so gewonnene Raum großartig mit Büchern besetzen. Vor allem in Durchgangsbereichen sind kurze Regale praktischer als lange. Im Vorbeigehen ist ein bestimmtes Buch auf diese Weise schneller zu finden, außerdem kippen die Bücher nicht so leicht um, wenn einmal mehrere Titel gleichzeitig herausgenommen werden.

Links Der mittige Dekor in Form eines Schlusssteins setzt einen starken Akzent über diesem vorgebauten Durchgang, der sich stilgerecht mit profilierten Leisten und Sockeln präsentiert. Es entsteht der Eindruck einer Tür in der Tür, die einen reizvollen Blick in das Esszimmer dahinter eröffnet. Und außerdem wird damit Platz für Bücher geschaffen.

Oben Kleine Fenster sind immer reizvoll, besonders aber, wenn sie in tiefen Nischen liegen und das Licht gebündelt in den Raum fällt. Hier sorgen die vorgesetzten Regale für scheinbar größere Wandstärke. Zufall oder Absicht: Die Einbandmaterialien der alten Bücher passen gut zur Struktur des Putzes in der Fensternische.

Rechte Seite Diese Regalserie mit eingebauten Deckenstrahlern verwandelt einen ungeschickten Flur in einen spannenden und zugleich praktischen Raum. Die Trittleiter ist notwendig, um an die Regale zu gelangen, kann aber auch als Telefon-Hocker benutzt werden. Hoch oben, außerhalb der normalen Reichweite, entfalten Bücher immer einen besonderen Reiz.

OPTISCHE HARMONIE

Je weniger Bücher sich in einem Raum befinden, desto mehr muss man darauf achten, dass sie nicht wie ein nachträglicher Einfall oder gar fehl am Platze wirken. Ein Regal kann in diesem Fall lediglich seinen Zweck erfüllen oder aber als bewusst gestaltetes Element innerhalb des Gesamtkonzepts aufgefasst werden.

Wird das Regal vor die Wand gesetzt, muss das selbstbewusst geschehen – was wiederum heißt, dass es großzügig angelegt sein sollte. Beim Regal selbst ist die Stärke der Fachböden nicht nur eine Frage der Belastungsanforderungen, sondern es kommt auch darauf an, wie das Regal insgesamt aus einiger Entfernung wirkt. Dabei helfen weder grobe Faustregeln noch exakte Berechnungen, sondern nur gestalterisches Fingerspitzengefühl. Indem sie Ornamentik und Dekor zugunsten reiner Formen, Linien und Proportionen ablehnen, haben sich moderne Designer selbst die schwierige Aufgabe gestellt, die wenigen grundlegenden Elemente eines Raumes in eine überzeugende Beziehung zueinander zu stellen.

Unten Ein einfaches, quaderförmiges Regalband wirkt ähnlich wie die traditionelle halbhohe Wandvertäfelung. Daneben erfüllt es aber vielseitige praktische Funktionen und hat die richtige Höhe für Pflanzen.

Rechts Die Tatsache, dass das Regal nicht bis in die Ecke durchgezogen wird, leistet einen wesentlichen Beitrag zum Charakter des Raumes. Dadurch wird es als eigenständiges Einrichtungsobjekt begriffen.

Linke Seite Es ist nicht ganz einfach, geschwungene Bücherregale zu bauen. Im Haus des britischen Architekten Bill Durster sind sie Teil eines größeren Raumelements. Die warmen Farbtöne harmonieren hervorragend mit den Bodenfliesen und mit der Wand aus Glasbausteinen.

Links In dieser Küche mit angrenzendem Essbereich sind Rundungen ein wichtiges Thema. Zusammen mit den Glas-Trennwänden bildet die unter der Decke angeordnete Bücherzeile den Übergang zwischen zwei Bereichen.

Oben In diesen tonnengewölbten Nischen entstehen eigenständige Teilräume innerhalb eines größeren Bereichs. Das regelmäßige Raster aus roten Regalen bindet die unterschiedlichen Objekte – von Büchern bis hin zum Spielzeug – und schafft eine klare Ordnung, ohne allzu streng zu wirken. Es ist wichtig, die Frage der Aufteilung, Anordnung und Tiefe von Regalen im Raum zu durchdenken. Hier stimmt die Größe der Einzelfächer, die die Wandfläche als Gitterstruktur bedecken und gleichzeitig die ungewöhnliche Form des Raumes betonen.

DESIGNER LÖSUNGEN

Das Design des späten 20. Jahrhunderts sucht Anregungen und Inspirationen vorwiegend in verwandten Gebieten. Dahinter steckt nicht primär das Motiv, den funktionalen Aspekt von Einrichtungsgegenständen zu verbessern. Vielmehr geht es um eine neue Sicht der Dinge, um Möglichkeiten, die Welt, die uns umgibt, einmal anders zu begreifen. Das kann in einem Umfeld, in dem fast alles dem Standard oder einer Norm unterliegt, erfrischende Wirkung zeigen. Der Erfolg so vieler anscheinend »nutzloser« Produkte beweist doch, daß die Menschen nicht nur ihre Bedürfnisse befriedigt wissen wollen, sondern auch der Langeweile und Monotonie entfliehen möchten.

Mit neuartigem Material und in ungewöhnlicher Verarbeitung war der »Donkey« von Isokon (siehe Abbildung unten) in den 30er Jahren ein Beispiel dafür, wie Funktionalität und Ästhetik eine gelungene Verbindung eingehen können. Er stand gleichsam symbolisch für die Freude an qualitätvollen Dingen, die dennoch bezahlbar sind – genau wie die neuen preiswerten Taschenbücher. Nach 1945 wurde das Modell von Egon Riss neu auf den Markt gebracht, nun mit einer flachen Abdeckung, auf der man ein Glas abstellen konnte – was praktisch ein Gewinn, in ästhetischer Hinsicht ein Verlust war.

Heute ist das Design nicht immer so utopisch, und derart spezielle Objekte wie der »Donkey« werden selten in Serie produziert. Ron Arads »Bücherwurm« jedoch (siehe Seite 79) war eine derartige Neuheit auf dem Regalmarkt, dass er zum Kultobjekt avancierte und Gegenstand einer Monographie wurde.

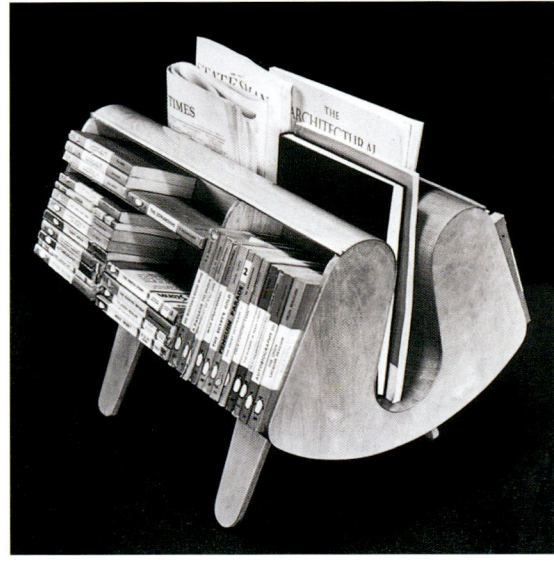

Rechts Der »Donkey« – eine neuartige Variante des klassischen Zeitungsständers – wurde 1939 von Egon Riss für den britischen Hersteller Isokon entworfen. Grundlegend war eine Technik: das Verformen von Sperrholzplatten. Außerdem waren die Maße genau auf das Format der Penguin-Taschenbücher abgestimmt, die 1936 in England auf den Markt kamen. Auf den Rückseiten der Bücher wurde für den »Donkey« geworben. Das Foto zeigt ein im Sinne des Erfinders bestücktes »Donkey«-Exemplar.

Links Ein Büchersystem (1998) der in London lebenden Designerin Gitta Gschwendtner. Die Boxen sind mit einer Feder an der Wand befestigt und neigen sich, je nachdem, wie das Buch im Inneren platziert wird, nach rechts oder links. Bleiben die Kästchen leer, ergibt sich ein akkurates Gittermuster an der Wand. Mit dieser einfachen Idee lässt sich eine Wand auf originelle Weise beleben. Außerdem kann der Benutzer selbst die Gestaltung bestimmen.

Oben Die »Biblio-Theka (Der Mensch und sein persönliches Arbeitszimmer)« wurde 1998 von dem französischen Designer Vincent Jalet während eines Studienaufenthalts am Royal College of Art in London entworfen. Die Regalelemente können mit Gurten, die in den gegossenen Seitenteilen laufen, auf und ab bewegt werden. Es gibt Einsätze für CDs, Zeitschriften und anderes. Das System ist variabel, leicht zu bedienen und macht vor allem Spaß.

HISTOIRE DES PALMIERS   Alain Durnerin

TASTE

SMOKERAMA

Éditions Champflour   ALAIN MOINIÉ   PALMIERS

Les Châteaux Viticoles du Pays de Vaud

Anne Willan   CHÂTEAU CUISINE   MACMILLAN

MONET'S TABLE   CLAIRE JOYES

Flammarion   James Darwen   la grande histoire du WHISKY

Flammarion   Bernard Le Roy / Maurice Szafran   CIGARE

FLAMMARION   YQUEM

CHÂTEAU MARGAUX

The Vendôme Press

BANKING   GREEN

CONRAD   ABSINTHE   CHRONICLE BOOKS

Taste of ISRAEL

FRESON   THE TASTE OF FRANCE   Éditions Assouline

La Colombe d'Or   Saint Paul de Vence   EDITIONS ASSOULINE

MONTE-CARLO LA LEGENDE

THE ART OF THE CIGAR LABEL   DAVIDOFF

CASTLEMAN   ART OF THE FORTIES

MICHEL SERRES   La Légende DES

Flammarion   FRA ANGELICO   DISSEMBLANCE ET FIGURATION

À SAINT-GERMAIN-DES-PRÈS

Kushner   MORGAN RUSSELL

Irving Penn   PASSAG

DAVID

DAVID

PATRICE de MONCAN / CHRISTIAN MAHOUT   LES PASSAGE

JÉRUSALEM

O RIO ANTIGO

TIBET

Klinkert   ELEPH

BÜCHER GESTALTEN RÄUME

Angeblich geht die Aussage, dass Bücher Räume »möblieren«, auf den lakonischen Kommentar eines Journalisten zurück, als diesem ein gewaltiger Bücherstoß aus einem überlasteten Regal entgegenstürzte. Die meisten Schriftsteller wünschen sich zweifellos, dass ihre Bücher mehr bewirken als lediglich die Möblierung von Räumen. Und tatsächlich übernehmen sie noch ganz andere Funktionen. Über die Titel in einem Regal erfährt man viel über den Besitzer. Auch in diesem Sinne tragen Bücher zur Anmutung und Atmosphäre eines Raumes bei.

In allen gesellschaftlichen Schichten gibt es auch Haushalte ganz ohne Bücher. Die eleganten, wenn auch sterilen Salons der 30er Jahre beispielsweise schienen ausschließlich zum Cocktail-Genuss und Lesen von Zeitungen oder Magazinen geschaffen worden zu sein. Folglich sind Wände voller Bücher auch kein Indiz dafür, dass die Bewohner sozial hochgestellt oder extrem gebildet sind. Jeder Mensch kann Bücher besitzen und als Teil seiner unmittelbaren Lebenssphäre schätzen und achten.

Rechte Seite Ein wundervoller Raum im Haus der Designer Charles und Ray Eames in Santa Monica, Kalifornien. Das Bücherregal ist leicht von der Wand abgerückt, die Platzierung der Leiter betont dies zusätzlich. Auf diese Weise zum räumlichen Objekt verwandelt, wirkt das Regal eher wie ein Miniatur-Wohnblock, der von Ausstellungsstücken unterschiedlichster Art und Tierfiguren bevölkert wird.

Unten Auf dem geräumigen Treppenabsatz im Haus des Londoner Architekten Richard Rogers werden die Bücher in einem Metallregal präsentiert, das im Stil perfekt zu Treppe und Geländer passt. Der Absatz ist groß genug für Tische und Sitzgelegenheiten, die in unmittelbarer Nähe des Regals zum Lesen und Verweilen einladen.

In jedem Fall gilt ein Bestand unterschiedlichster Bücher als Kennzeichen eines kultivierten Haushaltes. Die nüchtern gehaltenen Räume der 30er Jahre wurden abgelöst von einem wohnlicheren Stil, in dem man alte und neue Elemente kombinierte. Die neue Richtung knüpfte mit niedrigen Sitzmöbeln und dazu passenden Tischen an die Moderne an, ließ aber daneben ein breites Spektrum an Dekorationsformen zu. Große runde Tische zwischen bequemen Polstersesseln boten Platz für Bücherstapel und Accessoires, die zu entspanntem Lesen dazugehören wie etwa Gläser und Aschenbecher. Tischleuchten verbreiteten ein sanftes, diffuses Licht, und Bücher waren wieder wesentlicher Bestandteil einer ebenso schönen wie sinnvollen Renaissance der Gemütlichkeit.

Im Gegensatz zu dieser stilistischen Nachgiebigkeit setzte sich in den 90er Jahren wieder ein strengerer Einrichtungsstil durch – glücklicherweise allerdings ohne Neubelebung der nackten, bücherlosen Räume. Moderne Innenarchitekten entfalten beträchtliches Geschick, was die Unterbringung von Büchern betrifft. Zudem erfüllen Bücher in hohen oder großen Räumen eine wichtige Funktion, indem sie dort einen im wahrsten Sinne des Wortes »begreifbaren« Maßstab setzen. Das liegt daran, dass es eben Gegenstände sind, die man in die Hand nehmen kann und die somit zu den kleinteiligen Einrichtungselementen zu rechnen sind, die in modernen Interieurs so gern vergessen werden. Vor allem in dieser Funktion liegt die Bedeutung von Büchern als Teil der Raumgestaltung.

Außen links Der Architekt Ernö Goldfinger installierte 1938 diesen Rahmen in seinem Wohnzimmer in Hampstead, London. Er fungiert gleichzeitig als Ausstellungsraum für Bücher, Skulpturen und große Kunstbände – eine gelungene Symbiose von ohnehin einander nahestehenden Dingen.

Links Die New Yorker Wohnung des Architekten Paul Rudolph steckt voller faszinierender Ideen. In angenehm proportionierten Fächern sind die Bücher unter der Galerie platziert, so dass sie im Raum nicht zu dominant wirken. Direkt hinter einer Sitzgruppe sind Bücher grundsätzlich gut untergebracht: Das erspart dem Benutzer sogar das Aufstehen

Folgende Doppelseite Die dunklen Lederrücken der alten Bücher harmonieren großartig mit der schweren Tischplatte aus Marmor wie mit der Keramik- und Figurensammlung. Für die persönliche, leicht surreale Note sorgen die gerahmten Fotografien vor der Bücherwand. Sie verhindern, dass der Raum zu feierlich und museal wirkt.

Bei der aktuellen Buchproduktion handelt es sich nicht unbedingt um Kunstwerke, doch haben zweifellos auch diese Bücher gestalterische Qualitäten. Beim Besichtigen eines Hauses verfällt man leicht der Versuchung, die Titel auf den Buchrücken zu studieren und damit einige Rückschlüsse auf den Charakter der Bewohner zu ziehen. Manchen Zeitgenossen sagt man nach, dass sie ledergebundene Bücher am laufenden Meter kaufen, um andere zu beeindrucken. Doch letztlich fällt niemand auf solche Praktiken herein. Die meisten Menschen würden einen einheitlichen Einband für alle Bücher sowieso ablehnen, weil es zu monoton wirken würde. Ganz zu schweigen von der Schwierigkeit, unter solchen Umständen ein bestimmtes Buch zu finden.

Rechts Diese Regalgruppe im japanischen Stil ist eine Handwerksarbeit, deren Qualität sich auch ertasten lässt. Die profilierten Endleisten erfüllen sowohl praktische als auch dekorative Funktion. Dem ruhig-strengen Gesamtcharakter des Regals entspricht auch die Anordnung der Bücher im Zusammenspiel mit den gedrechselten Objekten und kleinen Keramikschalen.

Rechte Seite Innovative Ideen oder auch nur Abwandlungen und Verbesserungen für Bücherregale zu entwickeln ist nicht gerade eine leichte Aufgabe. Ron Arad jedoch hat mit seinem »Bücherwurm« eine völlig neue Lösung vorgestellt – auch wenn hier nicht Funktionalität, sondern eher die Freude am Objekt und seinem Design im Vordergrund steht. Die der Schwerkraft geradezu widersprechende Form macht zuerst ungläubig – dann probiert man es aus – und dann hat man seinen Spaß damit.

Rechts Es ist nicht ganz einfach, Bücherregale um eine Ecke zu ziehen, in diesem Raum jedoch ist das perfekt gelungen. Die warme, behagliche Atmosphäre entsteht nicht nur allein durch das offene Kaminfeuer und die vielen Gesichter. Auch die Bücher verleihen dem Raum eine sanfte Note.

Links Die schlichten, decken-hohen Regale schaffen hier eine Atmosphäre wie in einer rusti-kalen Bauernkate, der gusseiserne Ofen tut sein Teil dazu. Im Wesentlichen wird der Raum durch Licht- und Schattenwirkung bestimmt, was durch das Fehlen von Möbeln und den nackten Dielenboden erheblich unter-stützt wird.

Unten Dieser ländlich-gemüt-liche Raum lädt zum ausgiebigen Lesen geradezu ein. Zwar scheint das große Bücherrega relativ instabil, doch passt gerade diese Eigenschaft zu dem lässigen Bohemien-Stil in diesem Raum.

EIN GEMÜTLICHER WINKEL

Der gemütliche Platz zum Lesen gehört mit zu den wesentlichen Freuden des Zuhauses. Bücher spenden innere Wärme, während ein Kaminfeuer für tatsächliche Wärme und stille Gesellschaft sorgt. »Der Winter ist die Zeit, in der ich dem nachgebe, was ich lesen möchte, statt dem, was ich lesen sollte«, schrieb der Dichter John Betjeman, der jahrelang seinen Lebensunterhalt als Literaturkritiker verdiente. »Wenn der Wind an den Fensterläden rüttelt, lese ich wieder einmal Scott, und normalerweise beginnt die Lektüre mit *The Heart of Midlothian*.«

Heute muss die Lesezeit mit vielen anderen Ablenkungen wie dem Fernsehen und den neuen elektronischen Unterhaltungsmedien konkurrieren. Lesen bedeutet aber in eine Vergangenheit zu reisen, die noch älter ist als das Buch: in jene Zeit nämlich, als man sich noch Geschichten am Feuer erzählte. Das ist wohl ein Grund dafür, warum der Platz zum Lesen meist in den am regsten genutzten Räumen eines Hauses zu finden ist.

Oben Die Transparenz des ultraleichten, bewusst nur teilweise bestückten Bücherregals verleiht diesem Raum etwas Verwirrendes, Geheimnisvolles. Durch das plakative Wandmuster wird der Blick zusätzlich gelenkt.

Links Wenn ein massives Holzregal von so dünnen Drähten gehalten wird, warum lassen wir dann nicht auch alles andere einfach schweben? Der Grund für diesen Kunstgriff besteht darin, das Licht vom rückwärtigen Fenster optimal auszunutzen.

Linke Seite Drehbare Regale in der Londoner Wohnung des Schriftstellers Mario Vargas Llosa illustrieren die Gestaltung mit beweglichen Einrichtungselementen. Mit den bespannten Rückwänden erinnern diese originellen Raumteiler an ein unter vollen Segeln fahrendes Schiff.

BÜCHER ZUM HINSEHEN

»Die Leute sagen, dass Leben einfach großartig ist, aber ich lese lieber«, meinte der Schriftsteller Logan Pearsall Smith. Selbst einer der bedeutendsten Architekten der Moderne, Le Corbusier, relativierte später seine berühmte Aussage, ein Haus sei eine »Wohnmaschine«, indem er zugestand, es sei auch »le lieu utile pour la méditation« – der geeignete Ort zum Meditieren.

Der im englischen Sprachraum als »Coffee-Table-Book« bekannte Buchtypus ist der einzige seiner Art, dem der unmittelbare Zusammenhang zwischen Büchern und Einrichtungsobjekten zugrunde liegt. Ursprünglich hatte der Begriff einen negativen Beigeschmack, doch sind solche Vorurteile längst überholt. Heute werden Bücher nicht nur zum Lesen, sondern auch zum Betrachten und Bestaunen gemacht.

Rechts Bücher können zu einem festen Bestandteil des Raumes werden, wenn sie in der Wand versenkt werden. So gewinnt das Prinzip des Einbauregals eine neue Bedeutung. Wandnischen, wie die hier abgebildete, sind ungemein praktisch und wirken umso attraktiver, wenn sie nicht so vollgepackt werden, dass Form und Tiefe optisch verloren gehen.

Unten In diesem streng gestalteten Interieur wirken die tief in die verkleidete Schrankwand eingepassten Bücher absolut stimmig. Kräftige Farben bringen Leben in den Raum.

Bücher bestehen zum überwiegenden Teil aus Papier – einem Material, das aus Holz gewonnen wird, darum harmonieren sie auch so gut mit diesem Werkstoff. Regale aus Metall und Glas, die in den 20er Jahren groß in Mode waren, wirken sehr elegant, wenngleich nicht unbedingt behaglich. Einrichtungsgegenstände aus Metall, wie jene Stahlrohr-Klassiker von Marcel Breuer, Charlotte Perriand und Eileen Gray, erfreuen sich momentan wieder großer Beliebtheit. Derartige Entwürfe sind insbesondere für kleine Wohnungen gedacht, in denen der zur Verfügung stehende Raum möglichst transparent wirken soll.

Rechts Für manche Regalsysteme werden neben den Fachböden auch Kästchen und Schrankelemente angeboten. Ein derartiges System wurde hier vorteilhaft installiert. Die kompakten Holzeinsätze stehen in spannungsvollem Kontrast zu der leichten Gerüstkonstruktion aus Metall. Schräg eingehängte Böden sind ideal für Buchliebhaber, die statt der Buchrücken auch einmal die Vorderseite bestimmter Exemplare präsentieren möchten.

Links Geradezu monolithisch ist dieses hohe, geometrische Regal ohne begleitendes Beiwerk aufgestellt und gewinnt dadurch eine Aura unangefochtener Autorität. Das schlanke Gefäß im Vordergrund betont die senkrechte Ausrichtung des Solitärs.

Oben Eine moderne Interpretation des literarischen Klischees vom
verschiebbaren Bücherschrank. Sicherlich gibt es konventionellere
Möglichkeiten, zusätzlichen Stauraum für Bücher zu schaffen, doch
dieses auf Rollen laufende Element belebt auf spielerische Art die
ganz in Weiß gehaltene klassische Bücherwand.

Links und unten Verschiebbare Wände waren in den Anfängen der modernen Architektur ein beliebtes und wichtiges Element, mit dem die damaligen starren Regeln zur Funktion von Räumen durchbrochen und diese zunehmend flexibler genutzt werden konnten. In dieser Wohnung sind die Bücherregale als Schiebetüren ausgebildet, mit denen das Wohnzimmer vom Arbeitsbereich abgeteilt werden kann. Ob offen oder geschlossen: Die Vorrichtung ist überzeugend, originell und zudem höchst praktisch.

Der Gedanke eines verschiebbaren Bücherregals mag paradox erscheinen. Sollte man diese schweren Einrichtungselemente nicht lieber an ihrem Platz belassen? Und doch übt gerade dieser Widerspruch eine gewisse Magie und Faszination auf uns aus. Zu oft hat man es auch in Abenteuergeschichten gelesen: Dass ein Teil des Bücherschranks einer Bibliothek sich auf Knopfdruck leise öffnen lässt und einen Geheimgang freigibt.

Die prosaischeren »Tapetentüren« waren früher der Dienstboten-Zugang zur Bibliothek großer Landhäuser. Oft waren diese Türen mit Buchrücken-Tapeten beklebt, die witzige, erfundene Titel trugen. Heute sind bewegliche Möbel wieder en vogue, allerdings haben die Schiebe- oder Dreh-Bücherschränke eine andere Funktion hinzugewonnen. Sie schaffen zusätzliche Stellfläche für Bücher und machen den Weg zum Buch zu einem besonderen Erlebnis. Mit derartigen Regallösungen lässt sich auch der Raum interessanter gestalten, da schnell Veränderungen vorgenommen werden können. Eine große Bücherwand wirkt manchmal nur noch flach und plakativ – was leicht vermieden werden kann, wenn eine zweite, verschiebbare Regalebene hinzukommt.

JENSEITS VON FARBE

Normalerweise suchen Leser ihre Bücher nicht nach der Einbandfarbe aus. In Italien und Frankreich war es jedoch lange Zeit gängige Praxis, dass Bücher in weißem Karton gebunden auf den Markt kamen. Die Käufer ließen sich dann den Band nach ihren Wünschen gestalten. Nun sehen diese Urahnen der modernen Taschenbücher aber auch ohne weitere Gestaltung sehr gut, wenn nicht gar besser aus. Sie werden mit der Zeit immer seltener, doch begegnet man ihnen noch immer in Antiquariaten, und in Frankreich gibt es sogar einige Verlage, die ihre Taschenbücher in Anlehnung an den alten Stil mit weißen Covern versehen. Diese Bücher besitzen bis heute die Faszination von Klassikern – unverändert über all die Zeit hinweg und unberührt von werbewirksamem Design, sei es noch so geschmackvoll. Die wenigen farbigen Exemplare, die produziert werden, kann man dann immer noch umdrehen, so dass nur die weißen Buchkanten und der Papierschnitt sichtbar sind. Um die Einheitlichkeit im Regal zu wahren, sind selbstverständlich auch selbst gemachte Schutzumschläge aus weißem Papier eine Möglichkeit. Eine Bücherzeile mit alten Pergament-Einbänden in einer historischen Bibliothek entfaltet ein wunderbar warmes, gebrochenes Weiß – und fühlt sich auch genauso warm an.

Oben Nicht zum schnellen Nachschlagen geeignet: Dieses herrliche Stillleben aus weichen, einheitlich gebundenen französischen Büchern, kombiniert mit Elfenbeinobjekten, wirkt wie eine Miniatur-Stadt. Einige Exemplare sind stark vergilbt, wofür der Säuregehalt des Papiers verantwortlich ist. Der Konservator ist entsetzt, der Ästhet hat seine Freude daran.

Links Kunstvoll ungekünstelt: Kreuz und quer in einen alten Kamin gestapelte Bücher schaffen einen Blickfang im Raum. Vielleicht ist der Globus eine Anspielung auf Chaos und Kosmos, die Regalkonsolen auf dem Boden (»Kampf eines Regals um das Geborenwerden«) machen das surrealistische Ensemble perfekt.

Rechte Seite »Merkwürdig, noch merkwürdiger«: Echte Bücher und Gipsattrappen einträchtig nebeneinander im gleichen Regal, der funktionale Aspekt des Regals geht über ins rein Dekorative. Die nur schemenhaft an der Rückseite des leeren Regals erkennbaren Bücher erzeugen räumliche Tiefe und die Illusion einer Fortsetzung in die Ferne.

GEISTIGE NAHRUNG

Bücher sind auch hervorragende Begleiter am Essplatz. Sie wirken lärm-dämmend – was sich oftmals als eminenter Vorteil erweist. Möbel aus harten Materialien auf gefliesten Böden sind typisch für moderne Innen-räume. Diese Konstellation mag faszinierend aussehen, ist aber oft sehr laut. Auch zur Klärung strittiger Sachverhalte, als Zitatenschatz bei Tisch oder als Unterhaltungslektüre für ein allein zu bestreitendes Abendessen können Bücher in der Nähe des Esstisches sehr praktisch sein. Es gab Zeiten, in denen ein Buchständer für jedes Familienmitglied zum Gedeck gehörte – auch wenn die Vorstellung, zu einem Essen ohne Gespräch zusammenzukommen, heute ziemlich befremdlich wirkt.

Im Esszimmer steht normalerweise der größte und stabilste Tisch. Da bietet es sich förmlich an, ihn auch als Lesetisch zu benutzen. Beide Funk-tionen sind problemlos miteinander zu verbinden – der einzige Nachteil besteht darin, dass man gezwungen ist, den Platz bei Bedarf sofort zu räumen. Wie Sydney Smith bereits bemerkte: »Es gibt keine schöneren Möbel als Bücher.«

Unten Konsequente Symmetrie, jedoch ohne ausgeprägt klassi-sche Elemente, lässt diesen Raum ebenso anregend wie entspan-nend wirken. Entscheidend für die Atmosphäre sind nicht zu-letzt die schmalen, hohen Bücherregale, die die Tür rah-men und sich deutlich von den Vitrinen rechts und links abheben.

Oben Diese Bücherregale einfachster Machart schaffen durch ihre breit geführte horizontale Ausdehnung eine angenehm ruhige Stimmung. Ein bewährter Trick, um den Raum am Abend zum Leben zu erwecken, ist eine zwischen den Regalböden knapp unter Augenhöhe versteckte Beleuchtung.

Links Diese Bibliothek des Wissens, untergebracht in einfachen Holzregalen, verströmt ein Gefühl von Sicherheit und Solidität, das dem Genuss von gutem Essen und gutem Wein sehr entgegenkommt. Die Regale passen perfekt zu der interessant gemaserten Platte und der raffinierten Unterkonstruktion des Tisches.

BUCHKUNST

Im Zeitalter der Druckmaschinen und maschinellen Buchbindung entfaltet sich das Handwerk mit künstlerischen Freiheiten zu einer neuen Blüte. Die Objekte, die auf diese Weise entstehen, müssen nicht mehr mit Massenprodukten konkurrieren. Es sind durchgehend Unikate oder kleine Auflagen, in denen handwerkliches Können, qualitätvolle Materialien und fantasievolle Ideen zu einem kunstvollen Ganzen zusammenfließen.

Ursprünglich waren mit »Buchkunst« eher erlesen illustrierte Buchausgaben gemeint, die oft sogar handsignierte Originaldrucke enthielten. Heute geht es dabei um weit mehr als ein Buch im klassischen Sinn. Dazu gehören innovative Binde- und Drucktechniken, aber auch das Schöpfen und Herstellen von Papieren.

Buchkunst ist ein interessantes Gebiet für Sammler. Die Buch-Kunstwerke sind meist wesentlich preiswerter als beispielsweise Gemälde oder Skulpturen, außerdem leichter zu transportieren, zu lagern und auszustellen.

Oben *Die Odyssee,* 1955 von Roger Powell gebunden und mit einer speziell entworfenen und angefertigten Kassette versehen. Powell war einer der Pioniere hochwertiger handwerklicher Buchbinderei in England. Nach der Überschwemmung von Florenz im Jahr 1966 leistete er einen wesentlichen Beitrag zur Rettung und Restaurierung wertvoller historischer Bücher.

Links *Blaubarts Schloß* (1972) von Ron King ist ein Pop-up-Buch für Erwachsene. Im Gegensatz zu seiner komplexen Botschaft arbeitet das Werk mit einer simplen Gestaltungstechnik, die normalerweise den Kinderbüchern vorbehalten ist.

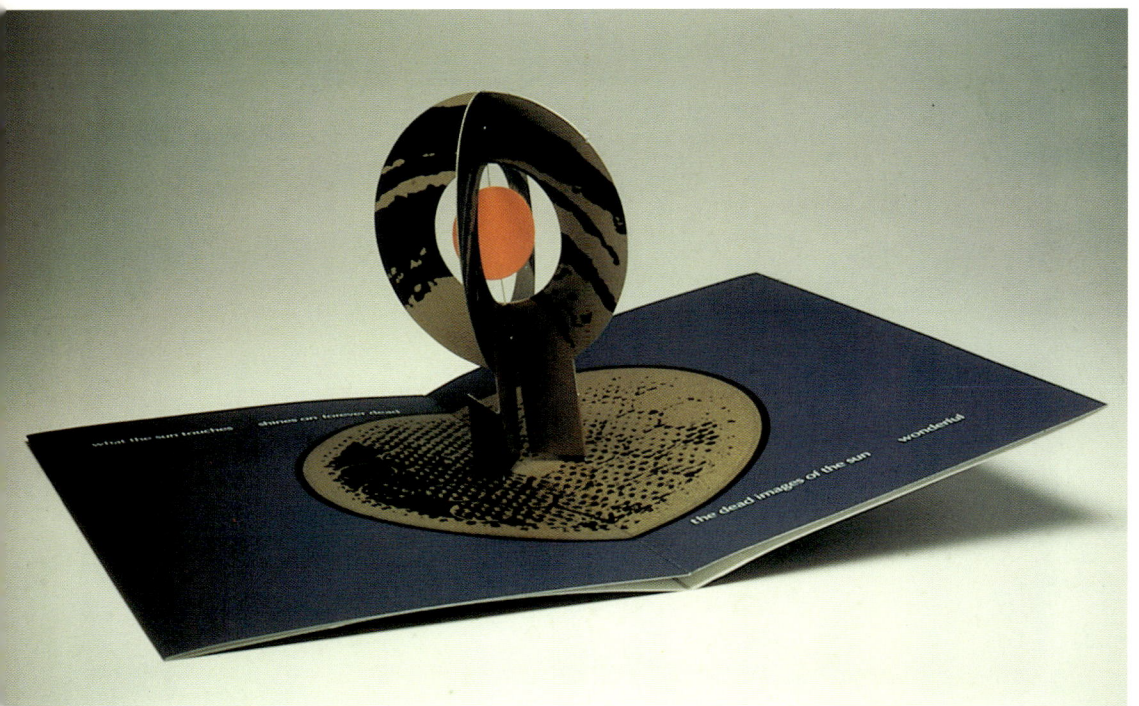

Links Gedichte des griechischen Lyrikers C. P. Cavafy, gebunden 1988 von Romilly Saumarez-Smith. Die Intarsientechnik mit farbigem Leder ist bei modernen Buchbindern sehr beliebt. In seiner dezenten grafischen und handwerklich qualitativen Gestaltung ist das Buch an sich schon ein Kunstwerk – ganz unabhängig vom Inhalt.

Oben Ron Kings *Alphabeta Concertina* (1983) ist ein raffiniertes dreidimensionales Spielzeug, basierend auf Falt- und Schneidetechniken, die von den »Bauhaus«-Künstlern propagiert und weiterentwickelt wurden. Die Buchstaben als Bausteine der Sprache haben hier – ganz wörtlich genommen – das Aussehen von Bauklötzen und -steinen.

Rechts Das Kunstbuch *2 Walks* (1993) von Les Bicknell wurde in einer limitierten Auflage von sieben Exemplaren hergestellt. Hier sind Text, Bilder, Druck- und Bindetechniken so perfekt aufeinander abgestimmt, dass der Eindruck entsteht, Schrift und Bilder seien aus dem groben handgeschöpften Papier herausgewachsen und nicht erst nachträglich aufgedruckt.

KÜCHEN

Von allen Räumen im Haus war die Küche in den letzten dreißig Jahren dem stärksten Wandel unterworfen. Noch immer wird hier das Essen zubereitet, doch bis zum Ende der 60er Jahre war das auch das Einzige, was hier getan wurde. Heute verbringen viele Menschen den größten Teil ihres häuslichen Lebens in der Küche. Um diesen veränderten Lebensgewohnheiten gerecht zu werden, sind Elemente des Kinder- und Wohnzimmers in die Küche mit eingeflossen. So ist es nicht verwunderlich, dass in der Regel mehr Geld für die Küche ausgegeben wird als für irgendeinen anderen Raum.

Diese Veränderungen ergaben sich im Wesentlichen im Zuge einer Wiederentdeckung dessen, was man sich gemeinhin als ländliche Wohnküche vorstellte – jedenfalls eines Raumes, der viel mehr Platz bietet als die hygienischen High-Tech-Kochlabore, die bis dahin als Inbegriff modernen Lebensstils galten. Obwohl der nostalgische Landhausstil unterschiedlich interpretiert wird, liegt jedem modernen Küchendesign eine Gemeinsamkeit zugrunde: das multifunktionale Raumkonzept. Ähnlichen Wandel haben auch die Kochbücher in den letzten Jahren erfahren. Mehrheitlich sind es nun großformatige Bildbände mit farbenprächtigen Fotos, in denen sich das stetig wachsende Spektrum von Lebensstilen und Interessen widerspiegelt.

Oben Kochbücher müssen erreichbar sein, wenn man sie braucht. Fehlt der Platz für Regale, kann man sie sehr gut in einem Unterschrank einstellen. Die Rundform dieses weißen Küchenelements bildet einen interessanten Kontrast zu den geraden Bodendielen und bildet das »Tüpfelchen auf dem i« in dieser Küche.

Links Die zentrale »Insel« dieser Küche ist eine gelungene handwerkliche Arbeit und zugleich der ideale Platz für eine kleinere Sammlung von Kochbüchern und Zeitschriften. Es besteht kaum Gefahr, dass die Bücher beim Kochen beschmutzt werden, da sie gut verstaut und durch die überstehende Arbeitsplatte auch vor Spritzern geschützt sind.

Außen links In einer modernen Küche müssen Bücher einen eigenen Platz haben und zugleich aber mit anderen Objekten im Raum kombiniert werden können. So deuten sie sowohl kulinarische Fertigkeiten als auch den persönlichen Stil der Bewohner an. Diese gut durchdachte Küche bietet reichlich Platz für Bücher und Kochutensilien. Auf offenen Regalen und in Schränken bzw. Schubladen unter der Arbeitsfläche ist alles griffbereit zur Hand.

Schon bevor der Zweite Weltkrieg dem klassischen Dienstbotenwesen – mit Ausnahme der wohlhabendsten Häuser – endgültig ein Ende setzte, war die Köchin allmählich aus den bürgerlichen Haushalten verschwunden. Dem Kochen musste nun ein neues, attraktiveres Image verpasst werden – was sich deutlich in Kochbüchern dieser Zeit widerspiegelt. In englischen Küchen sah man schwergewichtige Wälzer wie Mrs. Beetons *Book of Household Management* zunehmend als veraltet an. Sie wurden durch Bücher ersetzt, die gleichermaßen dekorativen wie praktischen Wert hatten. Nach dem Krieg lösten Elizabeth Davids Bücher mit Illustrationen von John Minton eine Revolution in der Küche aus. David ermöglichte einen ersten Einblick in gutbürgerliche französische Kochkünste, wie sie – im Gegensatz zur *haute cuisine* – an heimischen Herden praktiziert wurden.

Heute führen Kochbücher vielfach die Bestsellerlisten an. Sie sind großzügig mit appetitanregenden Fotos ausgestattet und werden häufig von Prominenten geschrieben, die auch kochen – oder von Köchen, die sich zu Prominenten entwickelt haben. Kochen ist zu einer beliebten Freizeitbeschäftigung geworden, und kaum eine Küche kommt ohne Kochbücher aus. Selbst diejenigen, die vorwiegend von Fertiggerichten und Pizzaservice leben, halten damit die Illusion aufrecht, sie könnten falls notwendig ein einfaches und trotzdem überzeugendes Gericht zustande bringen.

Oben Nicht jedes Buch in der Küche muss ein Kochbuch sein, auch der Überschuss aus der Bibliothek kann hier untergebracht werden. In diesem geschickt aufgeteilten Einbauregal finden neben dem Geschirr auch ein Flaschenregal und andere Utensilien ihren Platz. Ein ansprechendes Beispiel für den bekannten Satz: »Ein Platz für alles, und alles an seinem Platz.«

Links Eine Metallschiene, an der die ständig benötigten Küchenwerkzeuge griffbereit aufgehängt werden, fungiert als eigenständiges Gestaltungselement. Die Kochbuchauflage kann überall dort eingehakt werden, wo sie gerade benötigt wird.

Links Edles Porzellan, gute Bücher und gutes Essen gehören zu den schönen Dingen des Lebens. In diesem geräumigen Regalsystem werden alle drei Elemente miteinander kombiniert – dennoch bleibt das Gesamtdesign übergeordnet. Der Schachbrett-Fliesendekor greift die Struktur des Regals geschickt auf.

DIE PRAKTISCHE KÜCHE

Kochbücher, die regelmäßig benutzt werden, sollten stets zur Hand sein. Unabhängig davon, wie viele es sind, wird es am sinnvollsten sein, alle an ein und demselben Platz unterzubringen – zusammen mit verwandten Dingen wie einem Karteikasten für Rezeptkarten, Notizbüchern oder Ordnern für ausgeschnittene Rezepte. Bücherregale können über- oder unterhalb der Arbeitsfläche angebracht werden. Wer gern exakt nach Rezept kocht, wird einen Kochbuchhalter zu schätzen wissen. Besonders praktisch sind Modelle mit Klammern, damit das Buch nicht ständig zuklappt.

Oben Trotz der Metalloberflächen und reflektierenden Materialien wirkt diese Küche warm und einladend.

Links Hinter den Schranktüren verbirgt sich ein kunstvoll-chaotisch arrangiertes Sammelsurium aus Geschirr und Kochbüchern.

Rechts Hier haben die Bücher ihren Platz inmitten der Küche gefunden. Zum Blättern und Studieren der Rezepte kann man sich gemütlich hinsetzen. Allerdings erweist sich diese Anordnung als unpraktisch, wenn der Tisch regelmäßig als Arbeitsfläche benötigt wird.

Links Ein klares vertikales Bücherband in einer Ecke der Küche. Die Exemplare auf dem obersten Bord sehen nicht aus, als würden sie häufig benutzt. Aber wer benutzt schon mehr als ein Dutzend Kochbücher für den täglichen Bedarf? Der Ständer auf der Arbeitsplatte hat doppelten Nutzen: Bei der Arbeit bleiben die Bücher sauber, danach kann man sein Lieblingsexemplar dort präsentieren.

Unten Bücher unter der Arbeitsplatte. Schon eine kleine ungenutzte Nische genügt in der Regel für die Kochbuchsammlung. Wichtig ist lediglich die ausreichende Tiefe, damit die Bücher nicht zu weit vorstehen und Schranktüren und Schubladen problemlos geöffnet werden können.

Kochbücher bringen Farbe und Abwechslung in die Küche, und schon die Buchrücken und Titelseiten können appetitanregend wirken und Vorfreude auf kulinarische Genüsse wecken. Gerade Kochbücher erzählen sehr persönliche Geschichten: von der ersten eigenen Wohnung bis hin zur Gründung einer Familie.

Heute sind die meisten Küchen spezifisch auf den Benutzer zugeschnitten und bis in den letzten Winkel durchdacht – schon deshalb gibt es keine Entschuldigung für ein fehlendes Bücherregal. Letztlich benötigt man Regale ja auch für Geschirr und Töpfe. Der einzige Unterschied besteht wohl darin, daß das Küchenzubehör auch hinter Schranktüren versteckt werden kann, während man Bücher in der Regel zur Schau stellt. Ganz sicher tragen sie so dazu bei, dass eine Küche nicht zu perfekt, hygienisch und steril wirkt, denn sie geben dem Raum eine individuelle Note. Gewiss würde die Mutter des unglücklichen Jungen in Jacques Tatis Film *Mon Oncle*, die zur Zubereitung von Kinder-Fertiggerichten Gummihandschuhe überstülpt, ein derart schmutziges Etwas wie ein Buch in ihrer klinischen Küche nicht dulden. In diesem Fall können die Kochbücher ja immer noch hinter verglasten Schranktürchen aufgestellt werden.

Links Dieses abwechslungs-
reiche Regal bietet mehrere
Unterbringungsmöglichkeiten
für Bücher. Die Sammlung wirkt
angenehm zwanglos, man spürt,
dass sie oft und gerne benutzt
wird. Darin liegt gleichsam ein
Versprechen für gute Küche, das
mindestens so überzeugend ist
wie eine durchgestylte Profi-
Küche.

Folgende Doppelseite Das
schmiedeeiserne Regal in dieser
mediterran gestalteter Küche
bietet auf ungewöhnliche, aber
äußerst effektive Art Stauraum
für unterschiedlichste Dinge –
von Kochbüchern über Flaschen
und Pflanzen bis hin zu Hüten.

BÜCHER MÖBEL

Designer haben die Freiheit, auf jede nur denkbare Weise mit Objekten umzugehen. So können sie auch die Qualitäten von Büchern für andere Zwecke nutzen. Das Ergebnis kann eine völlig neue Sichtweise und Wertschätzung von Büchern sein oder umgekehrt vielleicht auch die Erkenntnis, wie sehr sie unser Leben tyrannisieren und beherrschen können. Es wäre zu einfach, Bücher lediglich als freundliche oder neutrale Objekte zu betrachten. Bücherverbrennungen und Zensur sind Beweis genug, dass sie alles andere als neutral sind.

In den hier vorgestellten Beispielen spielt der britische Designer Ralph Ball mit unseren Reaktionen und Gefühlen, indem er bewusst einen Verfremdungseffekt inszeniert. Dieser liegt vorwiegend darin begründet, dass der Betrachter keines der Bücher öffnen oder lesen kann. Hier wird eine Grunderwartung enttäuscht, der Gedanke von Verschwendung oder Missbrauch provoziert. Ball attackiert unsere Vorstellung vom Buch als Heiligtum. Er ignoriert bewusst seine Bedeutung als Informationsträger und gestaltet Bücher unter rein formalem Aspekt als Möbelkomponenten.

Unten *Coffee Table Book Table (Self Adjusting)* (Couchtisch, selbst verstellbar, 1997) karikiert die inzestuöse Beziehung zwischen Design und Büchern über Design, die oft in größerer Auflage produziert werden als die Objekte, die sie vorstellen. Der Tisch besteht aus chronologisch gestapelten Jahrgängen des *Internationalen Design-Jahrbuchs*. Ball kommentiert: »Jeder neue Jahrgang macht den vorherigen überflüssig und schiebt ihn in ein unerreichbares Archiv ab«.

Links *Information Storage* (Informations-träger, 1998) deutet an, dass High-Tech-Medien eines Tages traditionelle Infor-mationsquellen wie das Buch vollständig ablösen könnten. Das wird dadurch symbolisiert, dass die vier Bücher als Mittelstütze eines CD-Ständers überein-ander gesteckt und zum Einschieben der CDs aufgeschlitzt werden. Das heißt, die Bücher haben ihren Wert als eigenstän-diger Informationsträger verloren und fungieren nun als Trägersystem für andere Informationsträger.

Rechts In *The Complete History of Shelf Supports* (Die vollständige Geschichte des Regalträgers, 1998) bilden vier Bände eines fiktiven Standardwerks das im Titel genannte Objekt. Das Ergebnis ist weniger ein Möbelstück als ein optisches Spiel, in dem das Regal von Büchern getragen wird, statt umge-kehrt. Der Grundgedanke wird durch den Titel der Bücherkonsolen fortge-führt: Dieser legt nahe, dass das Regal nicht einfach von Büchern getragen wird, sondern von aller jemals existierenden Trägerformen.

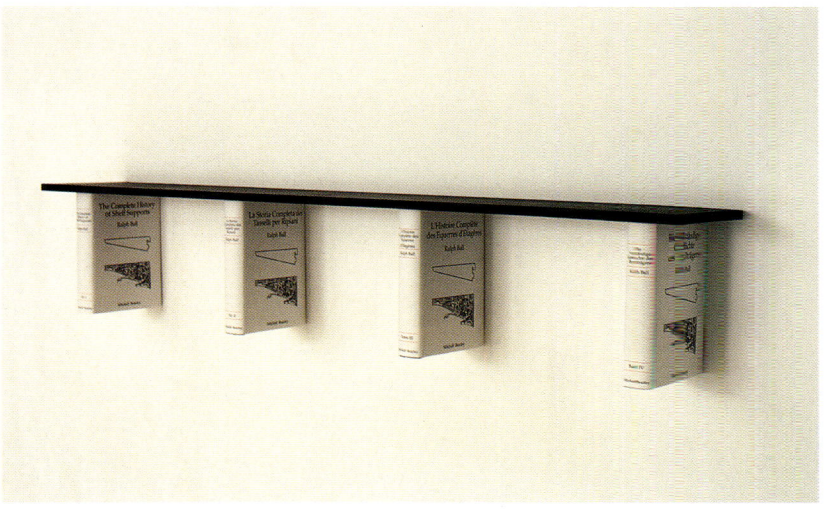

SCHLAFZIMMER & BADEZIMMER

Wenn sich die Büchersammlung bereits in alle Wohnräume ausgebreitet hat, wird man auch Schlafzimmer und Bad als perfekte Gelegenheit erkennen, die Bibliothek weiter auszudehnen. Ohnehin lesen viele Menschen am liebsten im Bett. Der deutsche Architekt Herman Muthesius bemerkte in seiner Studie zu den Wohnverhältnissen der englischen Mittelschicht um 1900, dass in jedem Schlafzimmer »ein kleiner Tisch für Bücher« zu finden sei. Dies empfand er als Widerspruch zu der »gesunden Kühle ..., die von frisch gewaschenem Bettleinen herrührt«. Ein Schlafzimmer soll heute eher behaglich als übertrieben hygienisch wirken. Gerade Bücher verbreiten diese Behaglichkeit, besonders für die Menschen, die nur mit mindestens drei Büchern neben sich zu Bett gehen können – für den Fall eines plötzlichen nächtlichen Anfalls von Literaturentzug. Das Wissen, dass sich gar mehrere hundert davon im Raum befinden, baut Stress und Ängste ab und ist der Entspannung ungemein zuträglich.

Unten Klarheit und Bequemlichkeit bestimmen dieses Schlafzimmer ganz in Weiß. Die Wand hinter dem Kopfende des großen Bettes wird von einem Regal eingenommen, in dem Bücher und andere Gegenstände untergebracht sind. Zwischen Betthaupt und Regal ist so ein büchergesäumter Durchgang entstanden.

Links Modernes Wohndesign der 30er Jahre: Neben dem Bett – aber nicht zu nahe – schließt sich in diesem von Rundformen geprägten Raum ein kompaktes Regal mit kleinem Schreibtisch an. Die maßgefertigten Einbauten folgen im Verlauf dem Schwung der Wand – eine Linie, die auch in der Form des Betthaupts und Oberlichts aufgegriffen wird.

Oben Ein Schlafzimmer mit zwei Fenstern kann durchaus auf eines verzichten. In diesem Fall wird es von einem deckenhohen Büchervorhang verstellt. Diese raffinierte Idee schafft enorm viel Stauraum. Da keine Rückwand eingebaut ist, fällt noch genügend Licht in den Raum.

Oben Das Londoner Haus des Architekten Richard Rogers stammt aus dem 19. Jahrhundert. Es wirkt erstaunlich schlicht und modern, weil im Inneren Wände herausgebrochen und aller überflüssige Zierat entfernt wurde. »Seine und ihre« Bücher sind in den Nischen der riesigen Bettwand griffbereit postiert.

Rechts Dieses Haus in Hampstead, London, wurde 1938 von Ernö Goldfinger eingerichtet und ist für Besichtigungen geöffnet. Die deckenhohen Regale sind aus Standardelementen zusammengesetzt. Sie beherrschen zwar den Raum, betonen aber zugleich seine ruhige Atmosphäre.

Es gibt keine festen Regeln für den Einbau von Regalen in Schlafzimmern, man sollte lediglich einen zu ausgeprägten Bibliothekscharakter vermeiden. Hinter oder über dem Betthaupt, auch über der Tür, sind Bücher immer bequem zur Hand. Diese Anordnung sorgt für eine ungewöhnliche und originelle Raumwirkung. Auch ein einzelnes Regal, das sich bei niedriger Deckenhöhe rings um den Raum zieht, kann äußerst reizvoll aussehen – vorausgesetzt, dass keines der Bücher wesentlich größer ist als Taschenbuchformat. Eine von Büchern besetzte Wand wirkt natürlich dominant, manche Menschen empfinden dies aber wie einen schützenden Kokon.

Oben In diesem ländlichen Schlafzimmer belebt die intensive Farbe des Regals die verblichenen Bucheinbände. Dass das Regal über der Tür fortgeführt wird, trägt wesentlich zur Wirkung bei und vervollständigt den architektonischen Gesamteindruck des Raumes.

Rechts Ein fantasievoll gebautes Regal unterteilt den Arbeitsbereich in diesem Kinderzimmer. Es bietet Platz für Bücher und Spielzeug. Die geschickte Platzierung im rechten Winkel zur Wand bringt reichlich zusätzlichen Stauraum.

Unten In diesem Kinderzimmer ist ein ungenutzter Kamin zu einem pfiffigen Regal mit Fachböden in unterschiedlichen Abständen umgebaut worden. Auf dem Bild über dem Sims steigen Babar und Céleste, die Elefanten aus der berühmten Kinderbuchreihe von Jean de Brunhoff, mit einem Ballon auf.

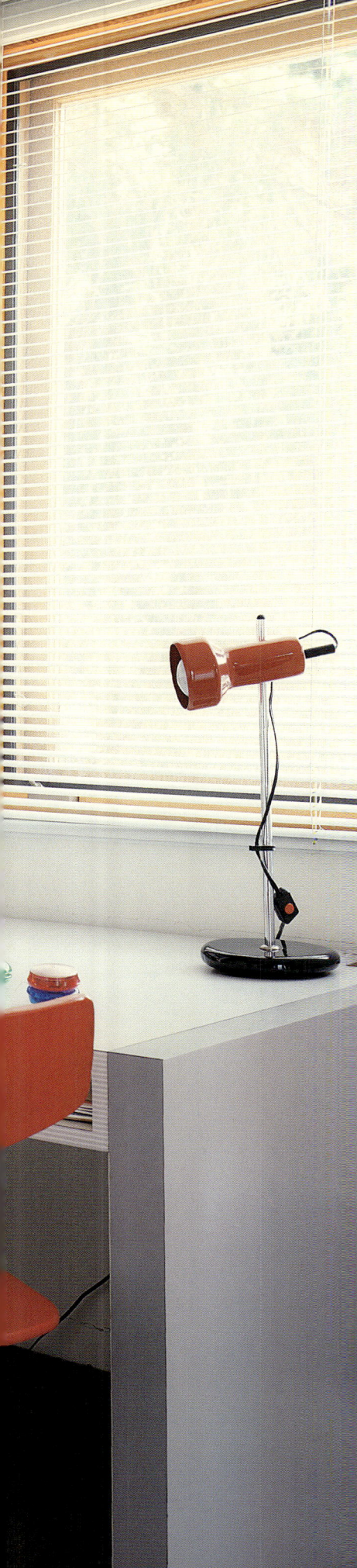

KINDERZIMMER

Kinderbücher wird man wahrscheinlich im Zimmer des Nachwuchses unterbringen wollen. Sie lassen sich wunderbar mit Spielzeug kombinieren, und angesichts der enormen Bandbreite an fantasievollen und witzigen Möglichkeiten macht hier die Planung und Gestaltung von Schränken und Regalen besonderen Spaß. Manche Kinderbuch-Klassiker, wie beispielsweise die Geschichten von Beatrix Potter, haben ein spezielles Kleinformat. Sind genug davon vorhanden, kann sich der Bau eines maßangefertigten Regals dafür lohnen. Bilderbücher wiederum, wie z. B. Babar von Jean de Brunhoff, sind zu groß, um sie aufrecht in ein Regal zu stellen. Deshalb werden sie am besten liegend aufbewahrt. Auch Computer oder Fernseher gehören in vielen Kinderzimmern mittlerweile zur Standardeinrichtung, weshalb man auch deren Unterbringung in einem Regal in Erwägung ziehen sollte.

Viele bekannte Figuren aus Kinderbüchern werden auf anderen Gegenständen »vermarktet« – von der Zahnbürste bis zum Vorhangstoff. Diese Idee lässt sich auch zur Gestaltung des Zimmers übernehmen. Comic- oder Buchhelden können z. B. auf dem Bett und auf Vorhängen auftauchen, auf dem Lampenschirm, der Tapete und sogar auf dem Teppich.

Folgende Doppelseite Bücherregale und präparierte Vögel sorgen dafür, dass dieses Badezimmer wie die unorthodoxe Erweiterung einer viktorianischen Herrenbibliothek wirkt

Unten In diesem fröhlichen Kinderzimmer verbirgt sich jede Menge Stauraum für Bücher und andere Habseligkeiten. Nachts könnte sich dieses Zimmer problemlos in einen Wald verwandeln – wie das Schlafzimmer von Max in Maurice Sendaks *Wo die wilden Kerle wohnen*.

BADEZIMMER

Im Liegen zu lesen fördert kreatives Denken. Das geht in der Badewanne so gut wie im Bett oder sogar besser – wenn man jenen Psychologen Glauben schenkt, die behaupten, dass Wasser auf Körper und Geist eine heilsame Wirkung ausübt. Gibt es besonders geeignete Badewannenbücher? Sicherlich sind kleine Formate praktisch, und im Moment geht der Trend ohnehin zu Miniatur-Ausgaben. Äußerst beliebt im Badezimmer sind Comics, aber auch Lyrik eignet sich hervorragend fürs Bad, weil man sie in kleinen Portionen lesen kann. Das feuchte Klima scheint den Büchern wenig zu schaden, vorausgesetzt natürlich, man schläft nicht ein und lässt das Buch ins Wasser fallen. Ein neben der Wanne aufgestellter Bücherständer kann dieses Problem lösen – außerdem ist er das ideale Badezimmer-Accessoire für passionierte Leser.

Das Badezimmer ist auch ein guter Ort für poetische Plakate und Sprüche, wie man sie manchmal in öffentlichen Verkehrsmitteln entdeckt. So ein Plakatgedicht als persönliches Motto für den Tag oder auch zum Gedächtnistraining lässt sich schnell und kostengünstig selbst anfertigen. Vergrößern Sie das Gedicht einfach mit einem Kopiergerät oder drucken Sie es in der gewünschten Größe am Computer aus.

Links Das Bad als Erweiterung des Heimbüros. Normalerweise passen Bad und Business nicht zusammen, doch hier sind Broschüren, Kataloge und Zeitschriften überzeugend untergebracht. So kann der Aufenthalt im Badezimmer nach Wunsch produktiv genutzt werden.

Oben Badewannen haben gegenüber Duschen den Vorteil, dass man darin lesen kann. Eine Buchauflage gehört zwar nicht unbedingt zur Standard-Badezimmerausstattung, wird passionierte Bade-Leser aber bestimmt begeistern. Dieses stabile verchromte Exemplar garantiert dafür, dass auch große Bücher nicht untertauchen.

Rechts Bücher sollten zur Hand sein, wo immer sie benötigt werden. Diese WC-Bibliothek ist ein perfektes Beispiel für das Prinzip. In einem eigens angefertigten Regal haben hier nostalgisch anmutende Taschenbücher eine Bleibe gefunden.

EXLIBRIS

Die Verwendung eines persönlichen Exlibris als Signum des Besitzers hat eine lange Tradition, die in einer Zeit ihren Ursprung hat, zu der Bücher noch gehütete und ängstlich bewahrte Schätze darstellten. Meist bestehen die Buchzeichen aus einer Kombination von Bild und Text, der sich entweder auf eine Person oder Institution bezieht. Bezüge werden beispielsweise zum Namen des Besitzers, zu dessen Beruf oder persönlichen Interessen hergestellt. Die Bezeichnung »Exlibris« stammt aus dem Lateinischen und bedeutet »aus der Bibliothek«. In ganz Europa gaben Sammler üblicherweise eine Kollektion von Buchzeichen bei verschiedenen Künstlern in Auftrag. Die erotischen Exlibris bilden darunter eine spezielle Kategorie. In der Ausführung kamen verschiedenste Techniken zur Anwendung, besonders beliebt war allerdings der Holzschnitt.

Oben Zwei Holzschnitte für Exlibris von Enid Marx, die in ihrer langen Karriere als Designerin von den 20er Jahren bis in die 90er ein enorm breites Spektrum absteckte – von Buchumschlägen und Poststempeln bis hin zu Polsterentwürfen für die öffentlichen Verkehrsmittel in London. Das »S« des rechten Zeichens steht für den Verleger von Selbourn Books, dessen Interesse dem Obstanbau galt.

Außen links Der farbige Holzschnitt aus dem frühen 20. Jahrhundert von Ernst Liebermann zeigt ein minutiös gestaltetes Renaissance-Interieur. Die Schrift wurde so gestaltet, dass sie wie in Stein gemeißelt aussieht.

Links Ein Bücherzeichen von Aubrey Beardsley, dem berühmtesten englischen Illustrator in den 90er Jahren des 19. Jahrhunderts. Die für Beardsleys Arbeiten charakteristische Aura der Dekadenz wird wesentlich über die elegante Graphik und über geschickt gesetzte Schwarzweißflächen erzielt. In diesem Fall überwiegt eindeutig der Bildanteil.

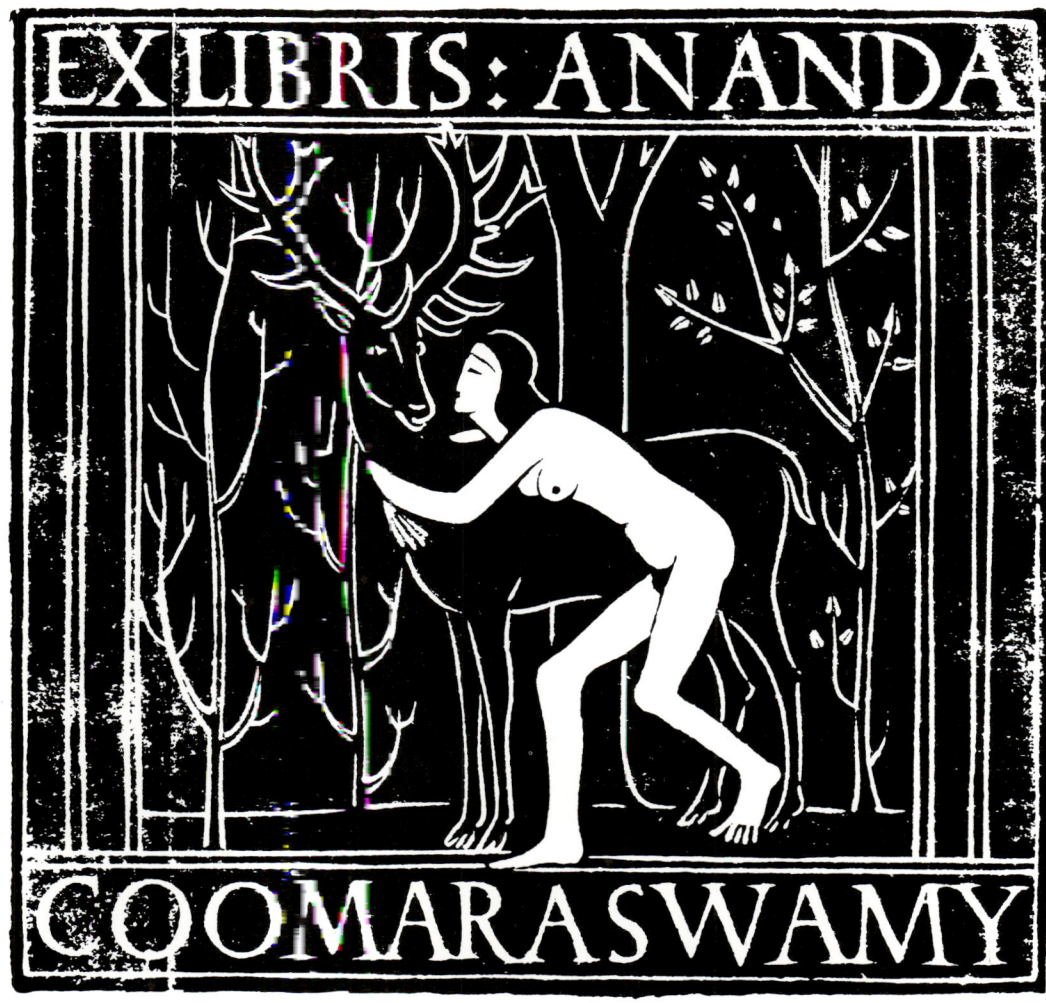

Links Dieses Exlibris für die Philosophin und Kunsthistorikerin Ananda Coomaraswamy aus dem Jahr 1920 stammt von dem britischen Künstler Eric Gill. Bild, Text und Aufteilung sind sehr schlicht und haben leicht naiven Charakter. Eine derartig selbstbewusst wirkende Gestaltung ist allerdings nur einem Meister der Graphik möglich.

Rechts Zwei Bücherzeichen des deutschen Grafikers Berthold Wolpe, der 1938 nach England emigrierte. Wolpes Markenzeichen ist der sparsame, aber eindrückliche graphische Stil in Schwarzweiß, der seine optische Botschaft transportiert.

ART IN THE MAKING
Drawings by REMBRANDT
Rembrandt
RUBENS
RUBENS
TINTOR
Residenz zu Würzburg
TURNER
Turner
VERONESE
VERONESE

PRAXIS-TEIL

ERHALTUNG

PFLEGE UND

Bücher sind erstaunlich robust und langlebig, wenn sie pfleglich behandelt werden. Grundsätzlich gilt: nicht zu viel Licht und nicht zu viel Hitze. Achten Sie besonders auf Schimmelbildung, wenn Sie in einer heißen, aber feuchten Klimazone leben. In kühlen Räumen mit mäßiger Luftfeuchtigkeit hingegen fühlen sich Bücher wohl. Ein Problem stellen vor allem häufige und extreme Veränderungen des Raumklimas dar.

Im Lauf der Geschichte hat die Qualität der Bücher mehrere Zyklen durchlaufen. Zwischen 1850 und 1900 wurde billiges, säurehaltiges Papier in wenig dauerhafter Bindung verarbeitet. So erhielt man vorzeigbare, aber qualitativ minderwertige Bücher. Bücher aus anderen Epochen überdauern sowohl Zeit als auch häufigen Gebrauch meist besser.

Regelmäßige Buchpflege bedeutet im Grunde kaum mehr, als den Staub, der sich zwangsläufig auf der Oberseite ansammelt, gelegentlich zu entfernen. Das funktioniert am besten mit einer Staubsaugerdüse. In Räumen mit sehr trockener Luft empfiehlt es sich, Ledereinbände ab und zu einzufetten. In der Regel richtet man aber durch zu häufiges Fetten mehr Schaden an als durch Nachlässigkeit in dieser Hinsicht.

Reparaturen an Einband oder Buchblock müssen sorgfältig durchgeführt werden, bei wertvollen Büchern möglichst von einem Fachmann. »Am besten nichts tun«, ist hier ein gutes Motto. Kleine Reparaturen können allerdings sinnvoll sein, um größere Schäden zu verhüten. Doch sollten sie

Rechts Bücher in Felbrigg Hall, Norfolk. Das Haus gehörte früher einem bedeutenden Wissenschaftler und Autor. Hier werden die Bücher zusammen mit anderen Objekten von historischem oder ästhetischem Interesse ausgestellt.

Links Eine wertvolle Sammlung antiquarischer Bücher mit gefalteten Kupferstich-Tafeln. Die Papier- und Verarbeitungsqualität dieser frühen Buchausgaben ist bemerkenswert hoch. Oft ist ihre Pflege mit geringerem Aufwand verbunden als die der jüngeren Massenprodukte, für die bei der Herstellung auf vergleichsweise minderwertigere Materialien zurückgegriffen wird.

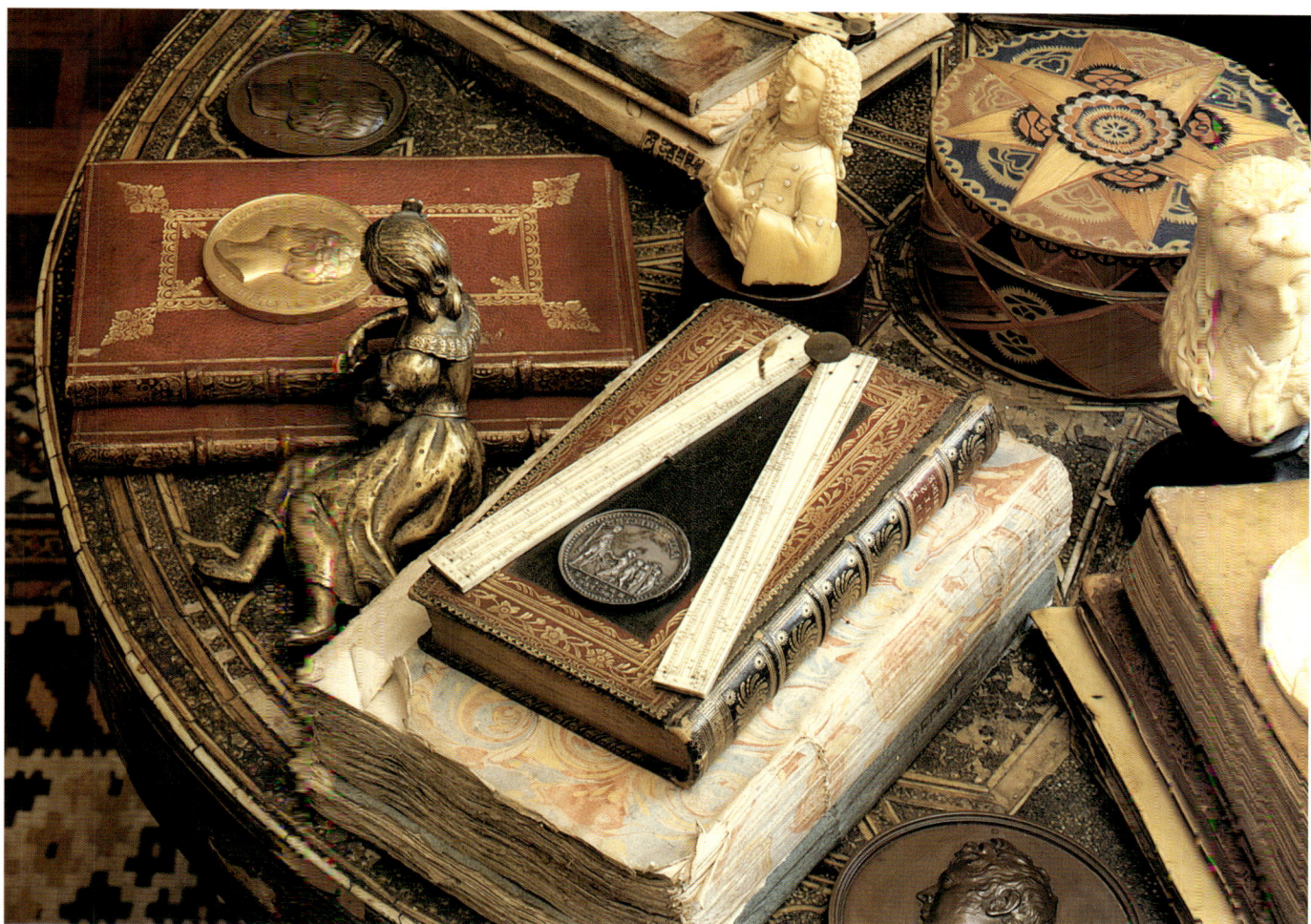

immer so durchgeführt werden, dass sie jederzeit rückgängig zu machen sind. Damit ist beispielsweise die Verwendung von Klebeband weitgehend ausgeschlossen. Bücher mit beschädigten oder geschwächter Einbänden sollte man besser in einem eigenen Schränkchen unterbringen, das gleichzeitig Schutz vor Staub und Säureeinflüssen bietet. In dieser Hinsicht sind Schutzhüllen, die man leicht selbst falten kann, ein ebenso praktisches wie dekoratives Hilfsmittel.

Wasser ist der ärgste Feind von Büchern. Wird ein Buch einmal nass, legen Sie Löschpapier zwischen die Seiten, bis es getrocknet ist. Ist eine komplette Bibliothek durchnässt, muss sie gefriergetrocknet werden, ehe weitere Rettungsversuche unternommen werden können. Insekten wie der legendäre Bücherwurm, aber auch Kakerlaken und sogar Nagetiere können Schaden an Büchern anrichten. Säurehaltige Papiere sollte man von Büchern fernhalten, in der Praxis heißt das vor allem auch, keine Zeitungsausschnitte, Briefe und andere Vergänglichkeiten zwischen Buchseiten zu deponieren.

Eine neue Gefahr für Bücher sind die Klebenotizen. Zwar hinterlassen diese praktischen Einmerker keine sichtbaren Spuren, doch können sie das Papier verfärben und eine klebrige Fläche hinterlassen, an der Staub und Schmutz besonders gut haften bleiben. Für Notizen eignen sich konventionelle Papierstreifen genauso gut – bleiben Sie also lieber bei der althergebrachten Methode.

Setzen Sie im Umgang mit Büchern einfach Ihren gesunden Menschenverstand ein: Saubere Hände und Abstand zu Speisen und Getränken gehören unter anderem dazu. Schwere Bücher schlägt man besser auf einem Tisch oder Pult auf. Auch sollten die Bücher nicht zu eng im Regal stehen, sonst ist man gezwungen, zu stark am empfindlichen Rücken zu ziehen. Umgeblättert wird an den Ecken der Seiten, ein Lesezeichen sollte dünn sein. Achten Sie beim Kopieren darauf, die Bindung nicht zu überdehnen, und öffnen Sie ein Buch nie mit Gewalt.

GRUNDLAGEN

In diesem Kapitel finden Sie eine Reihe von Anleitungen zum Selbstbau von Bücherregalen – vom Fertigbausatz aus dem Baumarkt bis zum vollständig selbst gebauten Regal aus Kiefernholz. Alle Vorschläge eignen sich auch für Anfänger, vorausgesetzt Sie nehmen sich etwas Zeit und Ruhe. Wer gar keine Erfahrung mit der Holzbearbeitung hat, sollte zunächst ein einführendes Werk zu Rate ziehen. Für manche der Projekte brauchen Sie im Prinzip nur eine elektrische Bohrmaschine, andere sind etwas anspruchsvoller. Das Geheimnis der Holzverarbeitung liegt aber nicht in der umfangreichen Werkzeugausrüstung, sondern in ihrem Zustand. Lassen Sie die Säge schärfen, setzen Sie in den Hobel ein neues

Messer ein, wechseln Sie stumpfe Bohrer aus – so sparen Sie Zeit und bleiben vor Enttäuschungen bewahrt.

Zu jedem Modell finden Sie eine Werkzeugliste, trotzdem sind einige Vorbemerkungen zum Werkzeug nötig. Sägeblätter lassen sich preiswert austauschen, so dass sie nicht geschärft werden müssen. Ein Hobel ist ein wichtiges Werkzeug. Das Messer muss regelmäßig nachgeschliffen werden – geeignete Schleifsteine erhalten Sie im Fachgeschäft. Für manche Modelle ist eine Gehrungssäge sinnvoll, mit der man mehrere Holzstücke im gleichen Winkel zusägen kann. Auch ein verstellbarer Winkelanschlag mit Zwingen zur Befestigung kann praktisch sein.

Empfehlenswert ist eine Werkbank mit Schraubstock, auch eine transportable Werkbank kann ihren Zweck erfüllen.

Auf diesen beiden Seiten werden zwei Regalsysteme vorgestellt, die jeder Baumarkt führt und die vor dem Gebrauch nur noch zusammengeschraubt werden müssen. Das Kastenregal auf der gegenüberliegenden Seite ist für Anfänger ideal, weil zum Bau lediglich ein Schraubendreher benötigt wird. Es steht frei im Raum, so dass sich auch die Wandbefestigung erübrigt. Das Schienensystem dagegen wird an der Wand montiert und erfordert etwas mehr Planung. Die Sicherheit solcher Regale, die voll beladen sehr schwer werden können, hängt vor allem von der Wandbefestigung ab. Wer jedoch die rechts beschriebenen Arbeitsschritte sorgfältig durchführt, wird auch ein tragfähiges und ordentliches Regal haben.

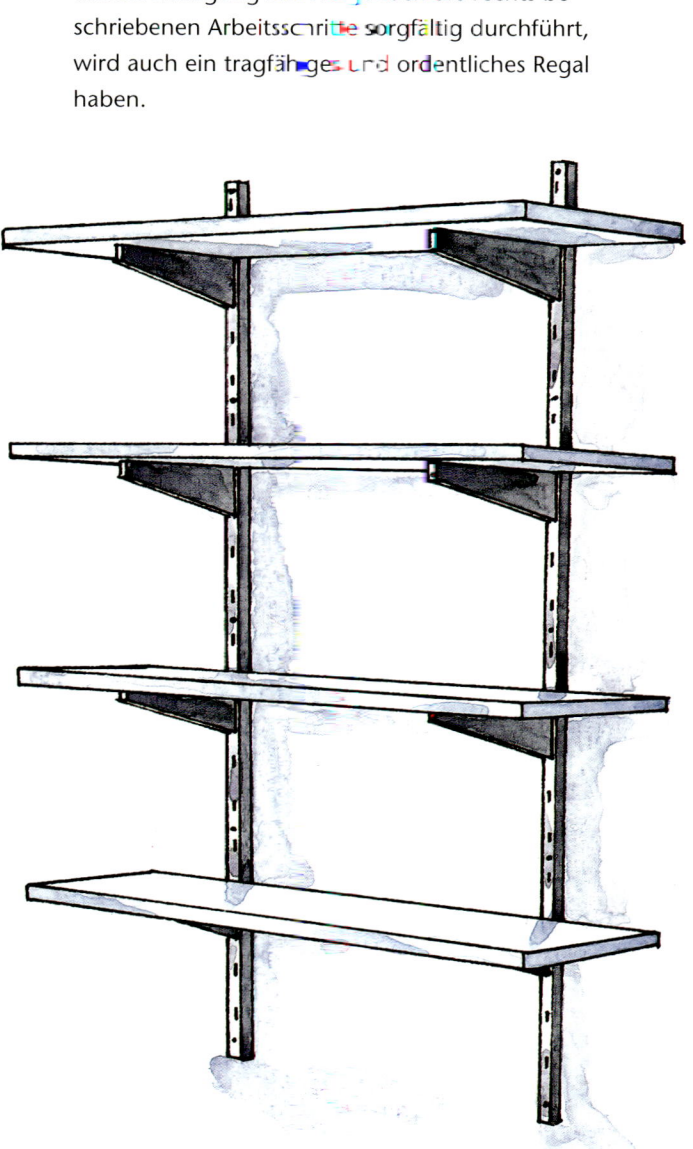

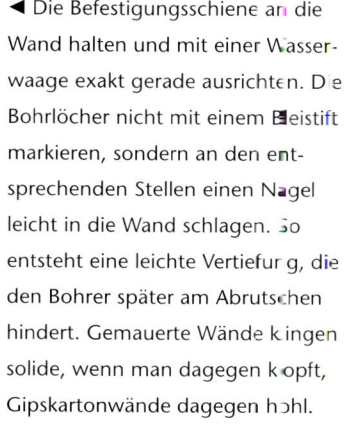

◀ Die Befestigungsschiene an die Wand halten und mit einer Wasserwaage exakt gerade ausrichten. Die Bohrlöcher nicht mit einem Bleistift markieren, sondern an den entsprechenden Stellen einen Nagel leicht in die Wand schlagen. So entsteht eine leichte Vertiefung, die den Bohrer später am Abrutschen hindert. Gemauerte Wände klingen solide, wenn man dagegen klopft, Gipskartonwände dagegen hohl.

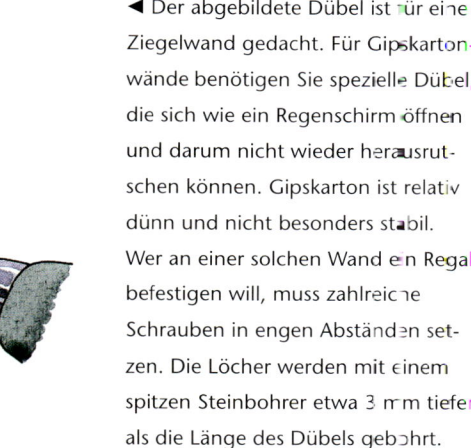

◀ Der abgebildete Dübel ist für eine Ziegelwand gedacht. Für Gipskartonwände benötigen Sie spezielle Dübel, die sich wie ein Regenschirm öffnen und darum nicht wieder herausrutschen können. Gipskarton ist relativ dünn und nicht besonders stabil. Wer an einer solchen Wand ein Regal befestigen will, muss zahlreiche Schrauben in engen Abständen setzen. Die Löcher werden mit einem spitzen Steinbohrer etwa 3 mm tiefer als die Länge des Dübels gebohrt.

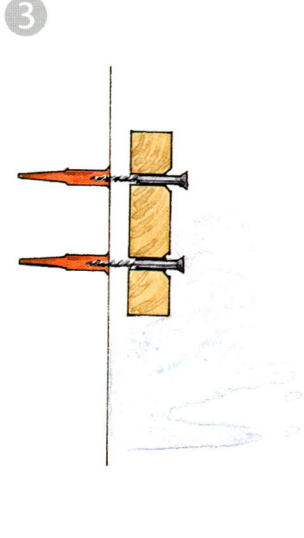

◀ Die Dübel in die Löcher schieben. Gelingt das nicht, allen Staub entfernen und die Löcher etwas tiefer ausbohren. Dübel und Schrauben müssen zueinander passen. Für einen 6-mm-Dübel verwendet man beispielsweise eine 8-mm-Schraube. Generell sollte die Schraube mit etwa doppelter Tiefe der Schiene in der Wand sitzen. Die Schrauben durch die Schiene stecken, in den Dübeln platzieren und fest anziehen.

METALL-REGAL

Dieses Bücherregal basiert auf einer völlig anderen Technik. Das Holz muss nicht bearbeitet werden, und auch sonst ist nur minimales handwerkliches Geschick erforderlich: Sie müssen lediglich Löcher bohren und Metallstreifen auf Länge sägen. Nur das Material bekommen Sie vielleicht nicht alles beim nächstgelegenen Baumarkt. Aluminiumprofile erhalten Sie im Eisenwarenhandel, Adressen sind im Branchenbuch zu finden. Gewindestangen und passende Muttern sind in den meisten Eisenwarengeschäften zu haben. Mit Drahtseilen wird die Konstruktion stabil verspannt. Dazu benötigen Sie Ösen für die Seilenden, vier Spannschrauben und vier Schäkel zur Befestigung. Diese Teile lassen Sie sich am besten bei einem Schiffsausrüster zusammenstellen. Die Metallteile bleiben unbehandelt und schaffen so eine moderne Atmosphäre.

Als Böden können verschiedene Materialien verwendet werden. Unbehandeltes Holz bildet einen schönen Kontrast zum Metall und passt gut zum nautischen Thema. Lackiertes Sperrholz oder Glas sind gute Alternativen. Glasplatten sollten mindestens 20 mm dick sein, die Kanten lässt man beim Glaser brechen und schleifen. Dicke Glasplatten haben oft einen blaugrünen Schimmer, der sehr gut zum Metall passt. Glas ist jedoch wesentlich teurer als Holz.

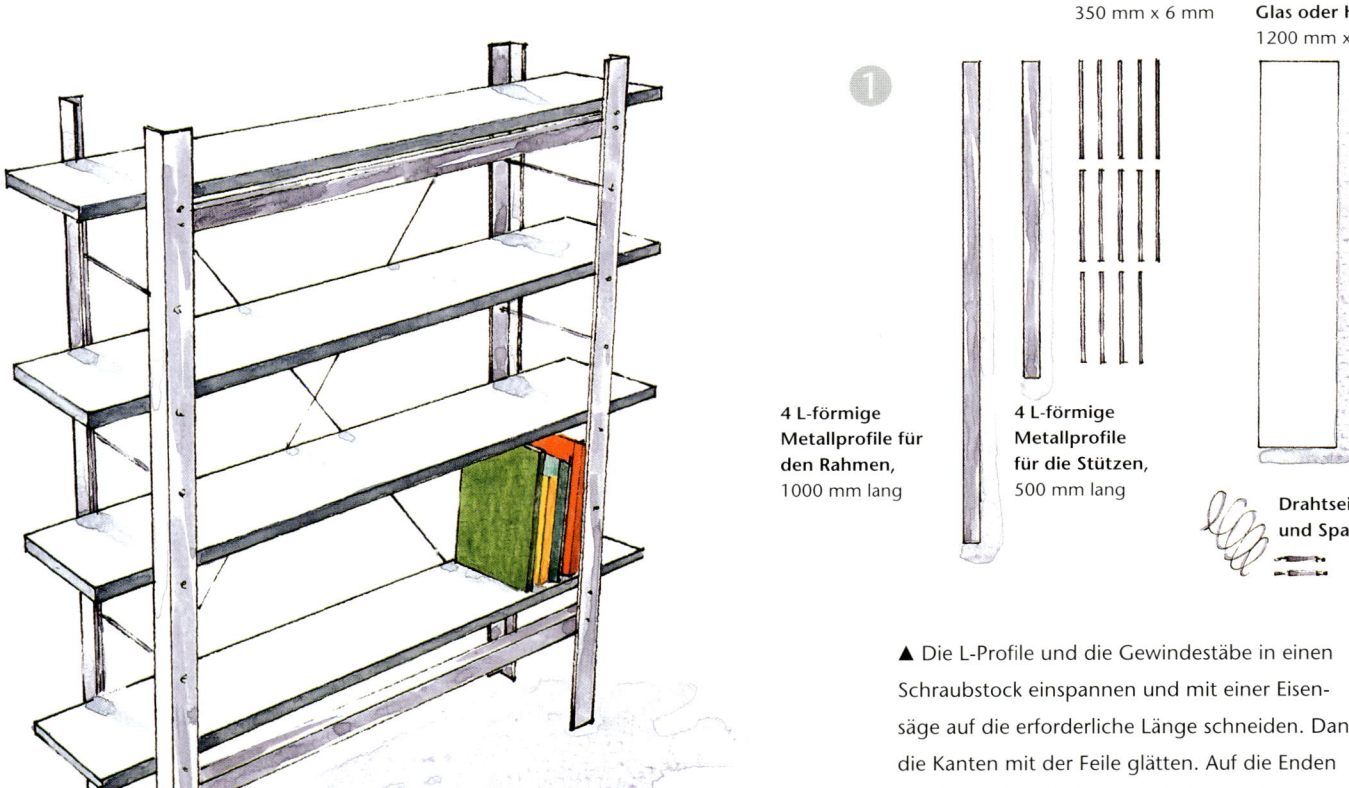

14 Gewindestäbe, 350 mm x 6 mm

4 Regalbretter aus Glas oder Holz, 1200 mm x 250 mm

4 L-förmige Metallprofile für den Rahmen, 1000 mm lang

4 L-förmige Metallprofile für die Stützen, 500 mm lang

Drahtseil, Schäkel und Spannschrauben

▲ Die L-Profile und die Gewindestäbe in einen Schraubstock einspannen und mit einer Eisensäge auf die erforderliche Länge schneiden. Dann die Kanten mit der Feile glätten. Auf die Enden der Gewindestäbe Muttern drehen und nachprüfen, ob keine Metallspäne im Weg sind. Massivholz-Böden sollten 25 bis 30 mm dick sein, Sperrholz-Böden mindestens 25 mm, damit sie sich unter dem Gewicht nicht durchbiegen.

②

207 mm   50 mm

◄ Eine Sperrholzleiste in der gleichen Länge wie die senkrechten Regal-stützen dient als Schablone zum Bohren der Löcher. Die Positionen für die Löcher auf der Leiste anzeichnen und mit einem Bohrer in der Stärke der Gewindestäbe bohren. Dann die Leiste mit Klebeband nacheinander auf den Metallprofilen für den Rahmen fixieren und die Löcher durch-bohren. Beide Seiten der Löcher mit einem Senkbohrer nacharbeiten, um Metallspäne zu entfernen.

③

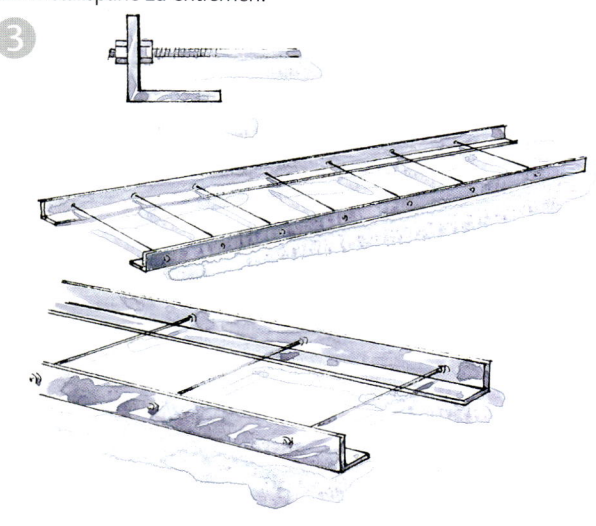

▶ Auf beide Enden jedes Gewindestabs eine Mutter aufschrauben, dabei auf gleiche Abstände zu den Enden achten (siehe Detailzeich-nung). Eine Stütze aufstecken und die Kontermutter aufschrauben. Anschließend die zweite Stütze entsprechend befestigen. Die fertige Leiter aufstellen und kontrollieren, ob die Stützen parallel verlaufen. Die Muttern mit einem Schlüssel fest anziehen.

◄ Die Positionen der Querstreben anzeichnen, die Löcher in den Stützen vorbohren und mit dem Senkbohrer entgraten. Anschließend die Querstreben von innen in die Winkel der Stützen einsetzen und mit kleinen Schraubzwingen festhalten. Kleine Reststücke der Gewindestäbe (ca. 25 mm lang) durch die Löcher schieben und auf beiden Seiten mit Muttern fixieren.

④

▼ Die Drahtverspannung sollten Sie erst bestellen, wenn Sie die genaue Länge ermittelt haben. In jede Ecke des hinteren Rahmens ein Loch für die Schäkel bohren. Damit sich das Regal nicht verzieht, müssen die Spannschrauben der Drahtseile gleichmäßig angezogen werden. Die Detailzeichnung zeigt die Befestigung des Drahtseils in einer oberen Regalecke.

⑤

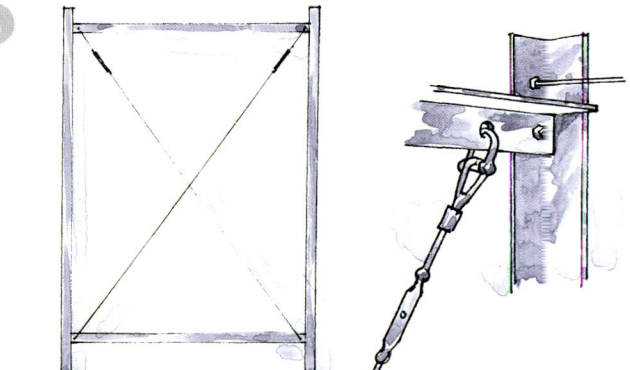

BÜCHERTREPPE

Die Idee für dieses Projekt leitet sich von einer Beobachtung ab: Ohnehin wird die Treppe gern zum Ablegen von Büchern benutzt. Außerdem passt diese kleine Treppe gut auf oder unter eine Treppe, aber auch in andere ungünstige Winkel. Interessant sehen auch mehrere Büchertreppen aus, die an der Wand befestigt sind. Dieses Modell ist das einfachste der vorgestellten Holzarbeiten; es eignet sich daher vor allem für Einsteiger. Sie können Sperrholz oder Massivholz verarbeiten. Wenn Sie Massivholz verwenden, müssen die Bohrlöcher mit einem Senkbohrer erweitert werden. So können die Schrauben zum Schluss unter Holzpfropfen verschwinden.

In vielen großen Baumärkten kann man Holzteile zusägen lassen. Selbst wenn Sie gut mit der Säge umgehen können, sollten Sie diese Dienstleistung in Anspruch nehmen: Es geht einfach viel schneller. Eine gut vorbereitete Liste mit den nötigen Holzmaßen ist hierfür immer Grundvoraussetzung. Massivholz macht mehr Arbeit als Sperrholz, deshalb empfiehlt es sich nicht, wenn das fertige Werkstück ohnehin gestrichen werden soll. Es gibt aber auch andere Möglichkeiten, die Oberfläche zu gestalten, die sich speziell für Massivholz anbieten. Am natürlichsten wirkt die Behandlung mit Wachs, das die Oberfläche schützt und die Holzmaserung betont. Auch bei einem Anstrich mit verdünnter Dispersionsfarbe bleibt die Maserung noch erkennbar. Anschließend kann wieder mit Wachs nachbehandelt werden. Mit Holzbeizen oder Lasuren wird das Holz dunkler getönt und die Maserung hervorgehoben. Vorschläge für die Lackierung von Sperrholz finden Sie auf Seite 134.

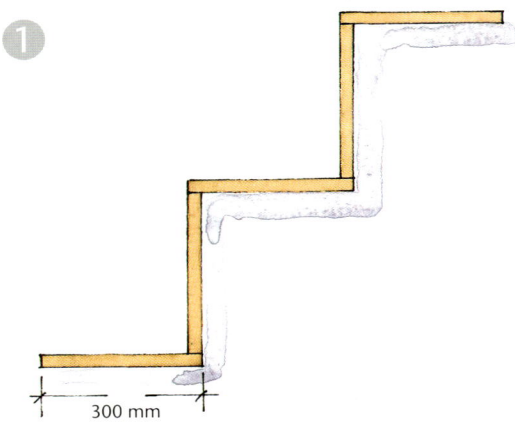

1

300 mm

▲ Alle Teile sind gleich groß und quadratisch, das Maß ist lediglich ein Vorschlag. Das Holz sollte etwa 10 bis 25 mm dick sein. So können die Schrauben gut befestigt werden, insgesamt fällt die Treppe aber nicht zu schwer aus. Wichtig ist, dass das Holz gut vorbereitet wird. Nur so passen die stumpf zusammengesetzten Schnittkanten der einzelnen Teile wirklich sauber zusammen.

◄ Die Positionen der Löcher sorgfältig mit einem Handbohrer oder einer Ahle markieren. So lässt sich der Bohrer exakt ansetzen. Für 8-mm-Schrauben müssen Löcher mit 4,5 mm Durchmesser gebohrt werden. Mit dem Senkbohrer werden die Löcher ausreichend erweitert, so dass der ganze Schraubenkopf in der Vertiefung verschwindet. Sollen die Schrauben völlig unsichtbar sein, werden die Vertiefungen noch etwas vergrößert und die Löcher nach dem Zusammenschrauben gespachtelt. Bei Massivholz können auch Holzpfropfen über die Schraubenköpfe gesetzt werden.

► Zum Zusammenbau spannen Sie ein senkrechtes Teil der Treppe in den Schraubstock und richten das waagerechte deckungsgleich darüber aus, so dass Sie die Schraublöcher anzeichnen können. Diese Löcher mit einem Handbohrer oder einem 3-mm-Bohrer vorsichtig vorbohren. Die Verschraubung in den Stirnseiten ist nicht sehr stabil, deshalb sollten die Schrauben mindestens 50 mm lang sein. Beide Seiten der Ansatzfuge mit Holzleim bestreichen, die Schrauben festziehen und den überschüssigen Leim mit einem feuchten Tuch abwischen.

◄ Mit Leisten von mindestens 19 mm Stärke (quadratischer Querschnitt) wird das Regal an der Wand befestigt. Mittels zweier Bohrlöcher wird sie am Regal festgeschraubt. Zwei weitere im Winkel von 90° dienen zur Befestigung an der Wand. Wenn alle Teile zusammengesetzt sind, werden die Kanten gehobelt. Die Löcher über den Schrauben mit Spachtelmasse verfüllen. Zum Schluss das Regal schleifen und die Oberfläche nach Wunsch behandeln.

STAPEL-BOXEN

REGALMODELLE

Diese einfache Idee ist sehr vielseitig, weil Sie die Größe der Boxen ganz auf Ihre Bedürfnisse zuschneiden können. Eine einzelne Box passt beispielsweise auf den Schreibtisch, mehrere können zu einem schönen Raumteiler gestapelt werden. Das Projekt ist eine Fortentwicklung der Büchertreppe (siehe Seite 132/133), denn hier werden jeweils zwei »Stufen« zu einer Box zusammengesetzt. Als Material ist Sperrholz mit 18 bis 25 mm Stärke gut geeignet. Die Größe der Seitenteile ist beliebig. Sie können alle Boxen in einer Farbe streichen, die zur Einrichtung des Raumes passt. Origineller wirkt eine Lackierung in Komplementärfarben oder eine andere kontrastreiche Gestaltung. Bei jeder Oberflächenbehandlung ist die sorgfältige Vorbereitung der Flächen der Schlüssel zum Erfolg. Kleinere Flächen lassen sich durchaus mit der Hand schleifen. Bei größeren Werkstücken empfiehlt es sich, eine Schleifmaschine zu verwenden, zumal bei mehrmaliger Lackierung die jeweils darunter liegende Schicht wieder leicht aufgeraut werden muss. Ein Schwingschleifer ist daher eine lohnende Investition, wenn Sie öfter mit Holz arbeiten. Manche Baumärkte vermieten solche Geräte auch tageweise.

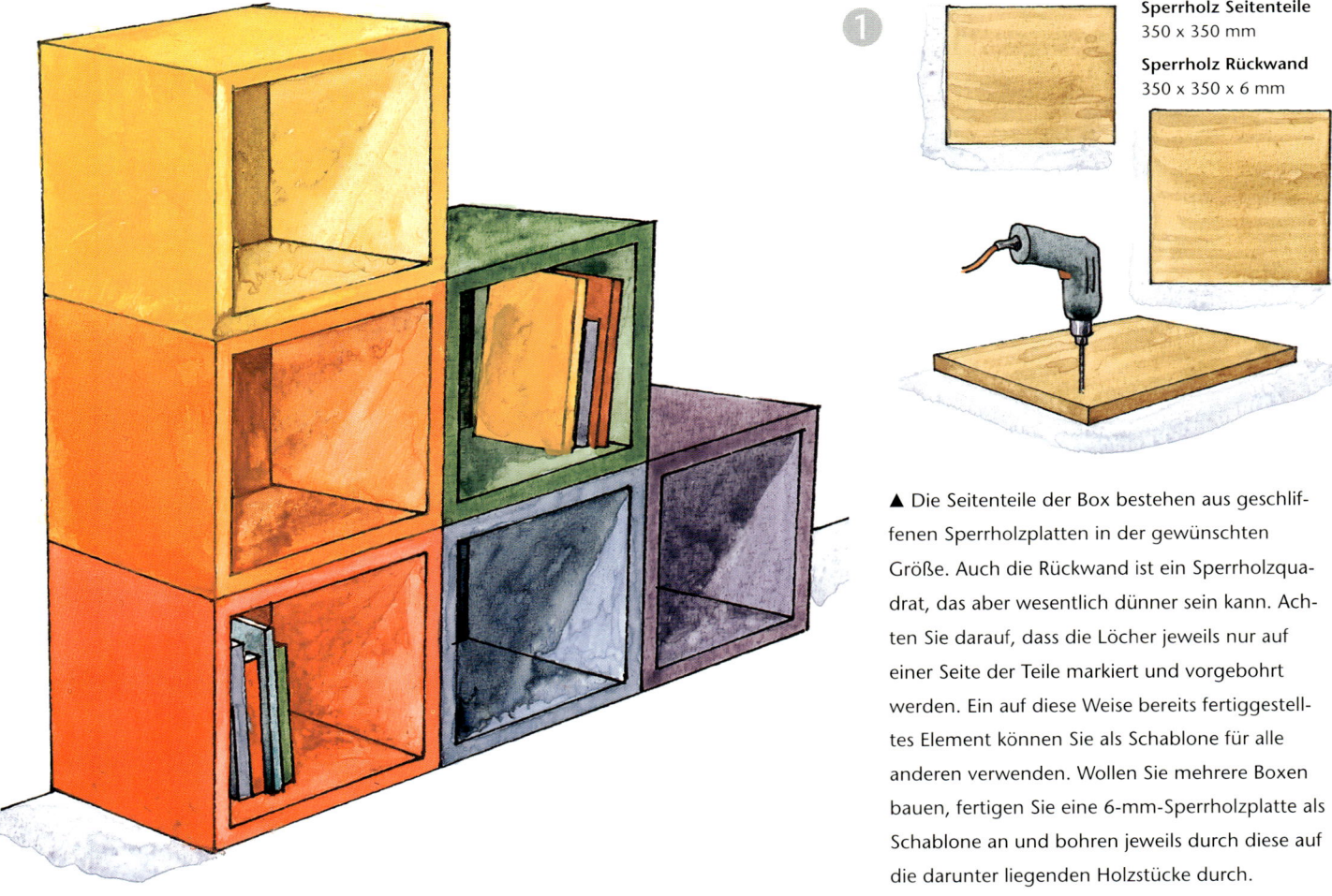

Sperrholz Seitenteile
350 x 350 mm

Sperrholz Rückwand
350 x 350 x 6 mm

▲ Die Seitenteile der Box bestehen aus geschliffenen Sperrholzplatten in der gewünschten Größe. Auch die Rückwand ist ein Sperrholzquadrat, das aber wesentlich dünner sein kann. Achten Sie darauf, dass die Löcher jeweils nur auf einer Seite der Teile markiert und vorgebohrt werden. Ein auf diese Weise bereits fertiggestelltes Element können Sie als Schablone für alle anderen verwenden. Wollen Sie mehrere Boxen bauen, fertigen Sie eine 6-mm-Sperrholzplatte als Schablone an und bohren jeweils durch diese auf die darunter liegenden Holzstücke durch.

② ◄ Zum Zusammenbauen der Teile benötigen Sie einen Schraubstock. Vergrößern Sie die Schraublöcher mit einem Senkbohrer, dann halten Sie die Stücke so zusammen, dass Sie die Positionen der Führungslöcher markieren und vorbohren können. Die Nahtstelle jeweils mit Holzleim einstreichen, dann die Teile zusammenschrauben. Sind alle Seiten einer Box montiert, wird der überschüssige Leim mit einem feuchten Tuch abgewischt.

③

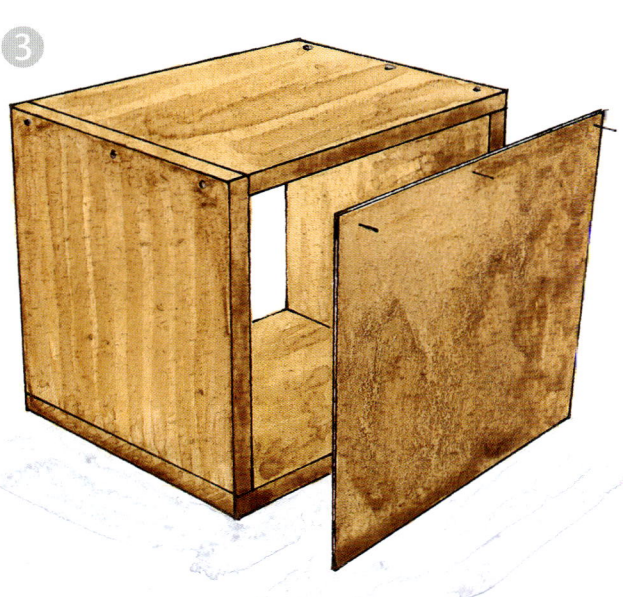

► Die Kanten der zusammengesetzten Teile mit dem Hobel glätten. Auch die Vorderkante wird gehobelt, damit die Box eine ansprechende Front bekommt. Die Rückwand mit Leim und 20-mm-Nägeln befestigen. Wenn der Leim ausgehärtet ist, werden auch diese Kanten gehobelt.

④

◄ Die Löcher über den Schrauben mit Spachtelmasse ausfüllen. Anstelle spezieller Holzspachtelmasse können Sie auch Kunstharz-Spachtelmasse aus dem Kfz-Bedarf verwenden. Anschließend alle Flächen schleifen, dabei die Kanten leicht abrunden. Die Sperrholzschichten bleiben an den Stirnseiten beim Lackieren oft sichtbar. Das können Sie vermeiden, indem Sie die Kanten vorher mit Spachtelmasse überziehen und anschließend schleifen.

FREITRAGENDE LEITER

Anlehnen statt Festschrauben ist das Motto dieses Regals. Es sollte allerdings auf einem Teppich stehen, damit es nicht wegrutscht. Ist kein Teppich vorhanden, kann man an der Unterseite der Stützen Gummifüße ansetzen.

Die Regalböden werden in Nuten gesteckt, eine mechanische Befestigung gibt es nicht. Das Prinzip ist zwar einfach, die Ausarbeitung erfordert allerdings etwas Übung. Man muss sehr akkurat arbeiten, damit sich die Regalböden leicht einschieben lassen und dennoch fest sitzen. Auch die massiven Seitenwangen müssen exakt gerade sein. Für die Regalbretter kann Sperrholz oder Massivholz verwendet werden. Das fertige Werkstück kann gebeizt oder gewachst werden. Eine Lackierung ist ungünstig, denn schon eine dünne Lackschicht kann die Passgenauigkeit der Böden in den Nuten beeinträchtigen. Arbeiten Sie sicherheitshalber genau mit den hier angegebenen Maßen. Wer viele Bücher unterbringen will, kann mehrere Regale nebeneinander stellen.

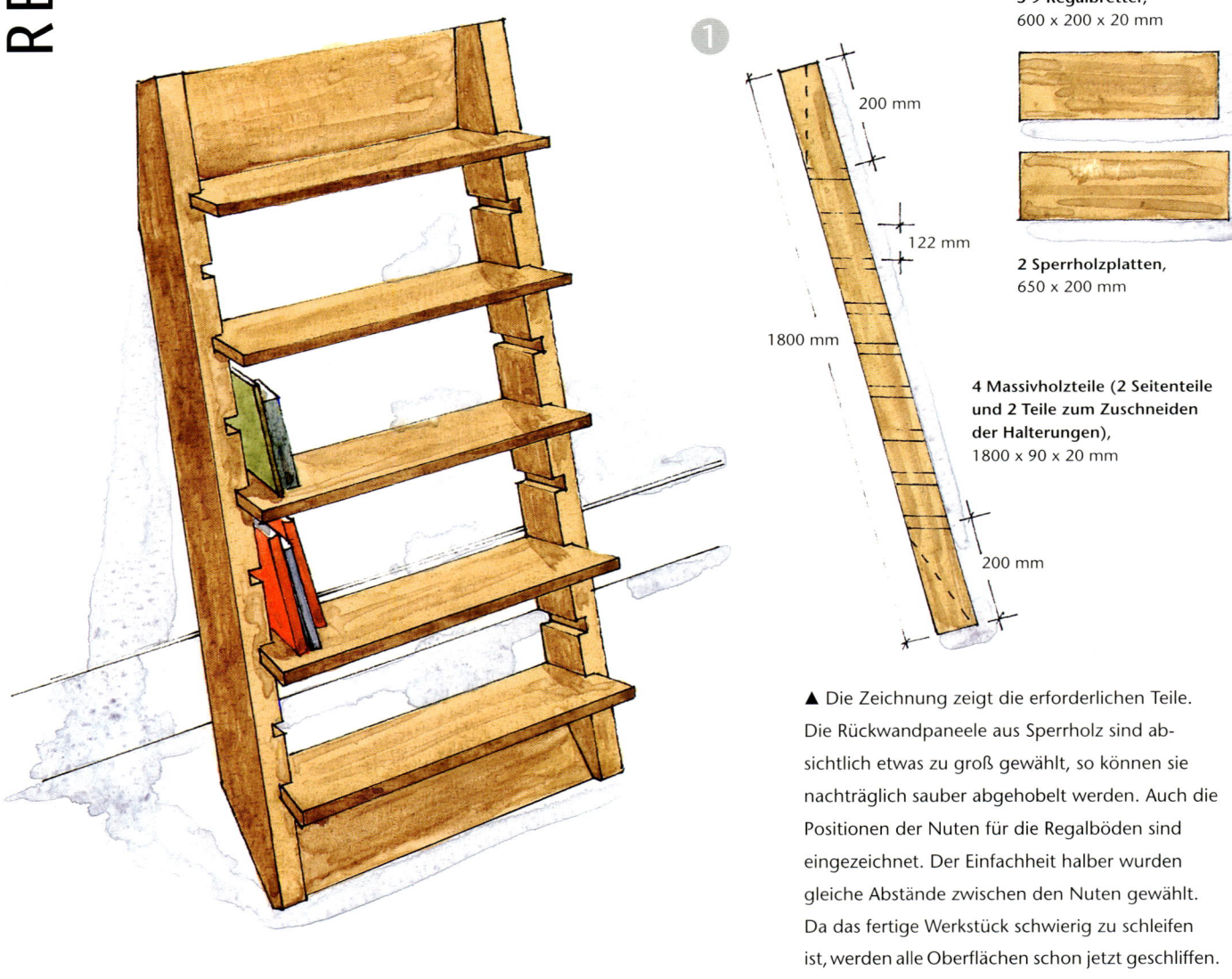

5-9 Regalbretter,
600 x 200 x 20 mm

2 Sperrholzplatten,
650 x 200 mm

4 Massivholzteile (2 Seitenteile und 2 Teile zum Zuschneiden der Halterungen),
1800 x 90 x 20 mm

200 mm

122 mm

1800 mm

200 mm

▲ Die Zeichnung zeigt die erforderlichen Teile. Die Rückwandpaneele aus Sperrholz sind absichtlich etwas zu groß gewählt, so können sie nachträglich sauber abgehobelt werden. Auch die Positionen der Nuten für die Regalböden sind eingezeichnet. Der Einfachheit halber wurden gleiche Abstände zwischen den Nuten gewählt. Da das fertige Werkstück schwierig zu schleifen ist, werden alle Oberflächen schon jetzt geschliffen.

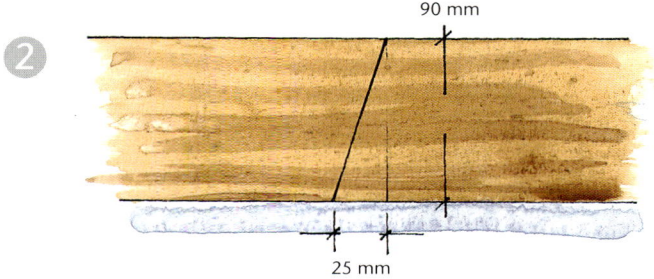

90 mm

25 mm

◄ Aus zwei der Massivholzbretter werden abgeschrägte Klötze zugeschnitten. Eine Gehrungssäge (Abbildung unten links) erleichtert die Arbeit erheblich, es geht aber auch ohne. Die Säge wird im richtigen Winkel am Holz befestigt, Führungsschienen sorgen für den exakten Schnitt. Ein weiterer Vorteil solcher Sägen ist der, dass sie sehr fein gezahnt sind, wodurch besonders saubere Schnittkanten entstehen, die kaum geschliffen werden müssen.

► Jetzt werden die Klötze mit Leim und Nägeln auf den Seitenwangen fixiert. Damit sie beim Nageln nicht splittern, sollten Sie feine Löcher im Durchmesser der Nägel vorbohren. Die Positionen der Klötze werden jeweils auf dem Seitenteil angezeichnet. Ein Verschnittstück von den Regalböden dient dazu, die Abstände gleichmäßig zu dimensionieren. Befestigen Sie einen Klotz nach dem anderen und legen Sie stets das Brettstück zum Markieren des Abstandes dazwischen. Zum Schluss die Enden der Seitenteile schräg absägen (siehe Zeichnung oben rechts).

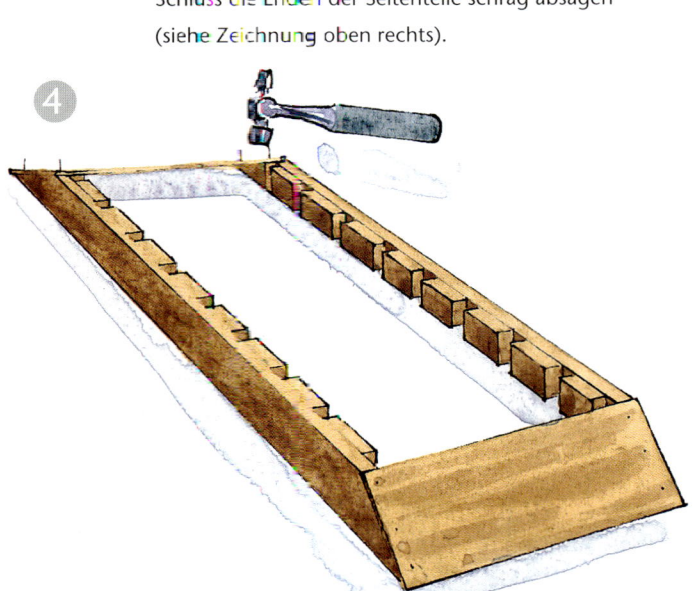

◄ Die abgeschrägten Kanten der Seitenstützen werden nur mit dem Hobel geglättet. Legen Sie sie anschliessend exakt parallel aus. Das erreicht man am einfachsten, indem man jeweils ein Regalbrett in der oberen und unteren Nut einschiebt. Ein in die Nuten eingelegtes Pappstückchen verhindert, dass die Bretter später zu stramm sitzen. Jetzt hält ein Helfer das Regal in dieser Lage fest, während Sie die Sperrholzplatten auf die abgeschrägten Rückseiten der Seitenteile nageln.

KLASSISCHES BÜCHERREGAL

Dieses Möbelstück wird aus Massivholz gebaut. In Baumärkten werden Leimholzplatten aus Kiefer in vielen Formaten angeboten, die sich hervorragend eignen. Natürlich kann man auch anderes Holz verwenden, doch Kiefernholz ist weich und darum gut zu bearbeiten. Außerdem gibt es ein großes Sortiment an vorgefertigten Zier- und Profilleisten aus Kiefer. Halten Sie sich an die angegebenen Maße, damit alle Teile zusammenpassen. Viele der bei den anderen Modellen bereits beschriebenen Techniken werden auch hier eingesetzt, auch sind die meisten Werkzeuge dieselben. Die Oberflächenbehandlung von Massivholz mit Wachs gelingt einfacher als eine Lackierung. Tragen Sie das Wachs mit einem weichen Lappen auf, so werden Tropfnasen oder Pinselstriche vermieden. Obwohl auch hier mehrere Schichten aufgetragen werden, geht diese Arbeit einfacher und sauberer von der Hand als das Lackieren. Noch dauerhafter als die Behandlung mit Wachs ist natürlich eine Versiegelung. Dafür pinselt man das rohe Holz mit einer Mischung aus 70 % Polyurethan-Lack und 30 % Terpentin ein. Nach dem Trocknen wird die Oberfläche mit sehr feinem Schleifpapier leicht angeschliffen, anschließend tragen Sie zwei bis drei Schichten Wachs auf. Einfacher ist es, die Einzelteile zu versiegeln oder zu wachsen, ehe Regalböden und Rückwand montiert werden.

1 **3 Teile** (2 Seiten-, 1 Oberteil), 900 x 300 x 20 mm

1 Teil (Boden), 860 x 300 x 20 mm

2 Regalböden, 860 x 280 x 20 mm

Profilleiste oben, 40 x 20 mm

Sockelleiste, 90 x 20 mm

Profilleiste Regalböden, 25 x 12 mm

Regalträger, 15 x 15 mm

▲ Die Schnittkanten der Ober- und Seitenteile müssen gerade und rechtwinklig sein. Zunächst werden alle Oberflächen geschliffen. Die Profilleisten kauft man nach laufenden Metern, die meisten Baumärkte bieten eine recht gute Auswahl an. In den Abmessungen sollten die Leisten ungefähr den Angaben der Materialliste entsprechen. Für die Rückwand benötigen Sie eine dünne, quadratische Sperrholzplatte (90 cm Kantenlänge). Sie sollte lieber etwas zu groß sein, so dass sie nach dem Zusammenbauen sauber abgehobelt werden kann.

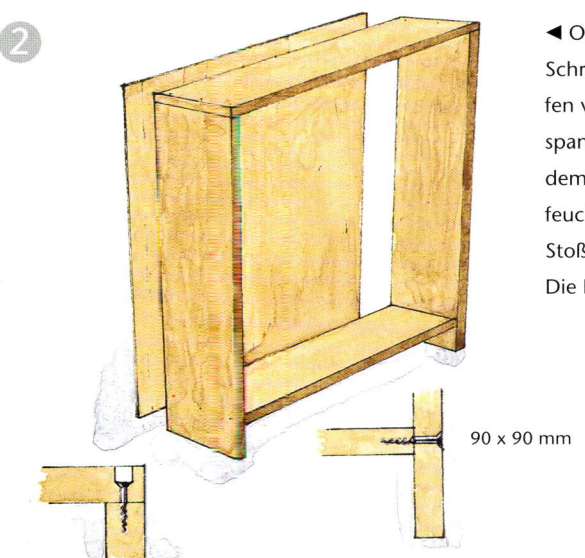

90 x 90 mm

◄ Oberteil und Seitenteile stumpf zusammensetzen. Die Löcher für die Schrauben mit einem Senkbohrer erweitern und passende Holzpfropfen vorbereiten. Die senkrechten Teile in einen Schraubstock einspannen und die Führungslöcher für die Schrauben vorbohren. Nach dem Leimen und Verschrauben überschüssigen Leim mit einem feuchten Lappen abwischen. Ist der Leim ausgehärtet, werden Stoßkanten und Vorderkanten des Korpus gehobelt und geschliffen. Die Rückwand mit Leim und Nägeln befestigen und ebenfalls hobeln.

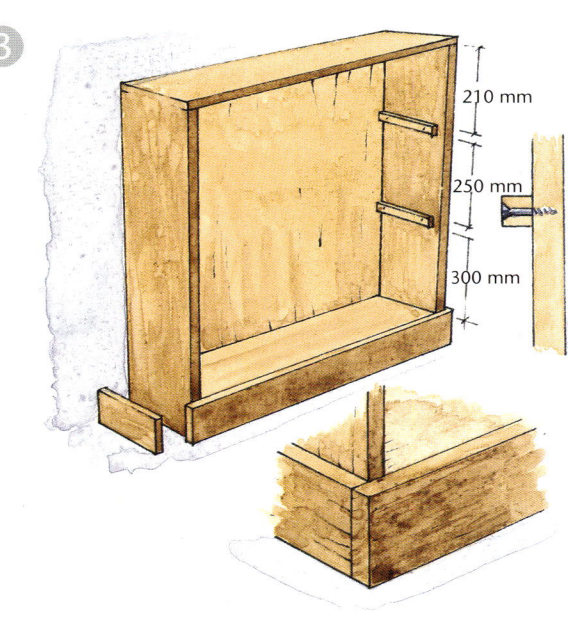

210 mm

250 mm

300 mm

► Die Auflageleisten für die Regalböden sollen einen Querschnitt von 15 x 15 mm haben und in der Länge der Breite der Regalböden entsprechen. Markieren Sie jeweils die Position und schrauben Sie die Leisten fest (siehe Abbildung rechts). Die Sockelleiste zusägen und mit Leim und Nägeln befestigen. Die Enden dürfen an der Rückseite etwas überstehen, sie werden nachträglich gehobelt und geschliffen. Wichtig ist, dass die Oberkante des Sockels und die Ecken vorne sauber sitzen.

◄ Das obere Zierprofil wird aus drei Teilen der Profilleiste zusammengesetzt, die an den Ecken auf Gehrung geschnitten sind. Das kann mit einer Gehrungslade (Abbildung links unten) geschehen, mit einer Gehrungssäge gelingt der Schnitt jedoch exakter. Eine seitliche Leiste an der vorderen Ecke exakt ausrichten und mit Leim und Nägeln befestigen. Überstände an der Rückseite werden auch hier später abgehobelt. Das Ansetzen des vorderen Profils ist etwas knifflig, weil beide Enden abgeschrägt sind. Wenn dies gelungen ist, wird das zweite Seitenteil angesetzt. Zum Schluss den Überstand an der Rückwand und auf der Oberseite hobeln.

► Jetzt die Passform der Regalböden kontrollieren und gegebenenfalls korrigieren. Die Profilleisten für die Vorderkanten zuschneiden, mit Leim und Nägeln fixieren. Nach dem Aushärten des Leims werden die Regalböden an der Oberseite glatt gehobelt. Nun die Bretter auf den seitlichen Leisten festleimen und bis zum vollständigen Trocknen mit Gewichten beschweren. Damit sich die Regalböden bei Belastung nicht durchbiegen, wird durch die Rückwand in die Mitte jedes Bodens eine Schraube gedreht.

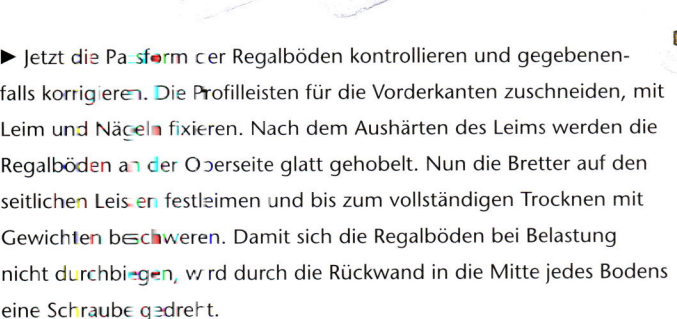

DANKSAGUNG

Dieses Buch ist das Ergebnis einer Teamarbeit, und ich möchte allen danken, die dazu beigetragen haben, besonders Alison Starling, Elisabeth Faber, Jo Walton und Martin Lovelock sowie meiner Frau Susanna.

Der Herausgeber dankt den folgenden Personen und Institutionen für die freundliche Genehmigung zur Reproduktion von Fotos in diesem Buch:

LEGENDE
u unten, o oben, l links, r rechts, m Mitte
OPG Octopus Publishing Group Ltd
CP Camera Press
BAL Bridgeman Art Library
EWA Elizabeth Whiting Associates
IA The Interior Archive
V&A Victoria & Albert Museum, London

Umschlagvorderseite Arcaid/Richard Bryant/Gale & Prior;
Umschlagrückseite l Axiom Photographic Agency/James Morris

Bildnachweis Vor-/Nachsatz Richard Davies; **1** IA/Henry Wilson; **2–3** Axiom Photographic Agency/James Morris/Architekt Pip Horn; **5** IA /Fritz von der Schulenburg; **6** l BAL/Biblioteca Medicea-Laurenziana, Florenz; **6–7** AKG, London; **7** r AKG, London; **8** l AKG, London /Historisches Museum der Stadt Wien; **8–9** o BAL/Private Sammlung; **9** u AKG, London/Oskar Reinhart Collection, Winterthur; **10–11** IA/Fritz von der Schulenburg; **12** IA/Fritz von der Schulenburg; **13** Arcaid/Alberto Piovano/1993/Architekt: Rosanna Monzini; **14** o Lars Hallen/Design Press, u CP; **15** Richard Glover/Architekt: John Pawson; **16** IA/C Simon Sykes; **17** o CP, u CP; **18–19** International Interiors/Paul Ryan; **20** IA/C Simon Sykes; **20–21** Paul Rocheleau/Bloedel House, Williamstown, MA; **21** IA/Fritz von der Schulenburg; **22** o International Interiors/Paul Ryan/Skokloster Castle, u IA /Fritz von der Schulenburg /Alvar Aalto; **22–23** CP; **24** o IA/C Simon Sykes, u Arcaid/Architekt: Michael Wilford & Partners, Tate Gallery, Liverpool/ Richard Bryant; **25** o Andrea Marks PR/Books etc., u IA/C Simon Sykes; **26–27** CP; **28** Robert Harding Picture Library/Jan Baldwin/Homes & Gardens/© IPC Magazines; **28–29** EWA; **30** Mainstream/Ray Main; **30–31** International Interiors/Paul Ryan /Victoria Hagan; **32** Arcaid/ Dennis Gilbert/Architekt: Allford Hall Monaghan Morris; **32–33** EWA; **34** l Arcaid/Alberto Piocano/1991/Designer: N. Coombe, r Richard Davies; **35** Arcaid/John Edward Linden/Nick Butcher /Christian Davies; **36–37** Richard Davies; **38** o EWA, u CP; **39** EWA; **40** IA /Jakou Wastberg; **41** EWA; **42** Michael Freeman/Kohiyama House, 1995/Yoyogi, Japan; **43** EWA; **44** l Imaginazione Fornasetti, o r Tim Street Porter, u r Imaginazione Fornasetti; **45** o IA/C Simon Sykes, u Abode; **46–47** Arcaid/Nicholas Kane/Originalentwurf Maxwell Fry, nachempfunden 1995 von Robert Saluka und Cany Ash. **48** International Interiors/Paul Ryan/Architekt: MC2 Design; **49** IA/Simon Upton; **50** Arcaid/Richard Bryant/Architekt: David Wild;

51 Houses & Interiors/Mark Bolton; **52** o Stocker Associates, u John Donat; **53** Vitsoe/Ken Kirkwood; **54** Axiom Photographic Agency/James Morris/ Architekt: Pip Horne; **55** o View/Peter Cook, u Arcaid/Alberto Piovano/ Architekt: Mariano Boggia; **56–57** View/Architekt: Cowper & Griffiths/Peter Cook; **58** o Lars Hallen/Design Press/Dorfelt, u EWA; **59** Lars Hallen/Design Press/Dorfelt; **60** u Arcaid/Jeremy Cockayne/ Architekt: Andrew Yeats/ECO ARC whisky barrel house; **60–61** o CP; **61** Abode; **62** o EWA, u EWA; **63** CP; **64** l EWA; **64–65** Marianne Majerus/ Design: Alistair Howe; **66** Arcaid/Dennis Gilbert/Architekt: Bill Dunster; **67** o IA/Wayne Vincent, u Arcaid/Nicholas Kane/Originalentwurf Maxwell Fry, nachempfunden 1995 von Robert Saluka und Cany Ash. **68** l University of East Anglia/Mr Jonathan Pritchard; **68–69** Gitta Gschwendtner; **69** r Vincent Jalet; **70–71** Arcaid/Alan Weintraub; **72** Arcaid/Richard Bryant/Architekt: Richard Rogers Partnership; **73** Michael Freeman/Charles und Ray Eames; **74** National Trust Photographic Library/Dennis Gilbert; **74–75** Paul Rocheleau/20th Century Architects; **76–77** IA/Simon Brown; **78** Arcaid/ Richard Bryant/Gale and Prior; **79** Ron Arad Associates/Christoph Kicherer; **80** IA/Andrew Wood; **81** o Michael Freeman/Owings House/Jacona, u IA/Tim Beddow; **82** The Times/Jan Baldwin/Stocker Associates; **83** o CP, u IA/Fritz von der Schulenburg; **84** Arcaid/Earl Carter/Architekt: Greg Anderson; **85** Jerome Darblay; **86** IA/Jakou Wasteberg; **87** The Condé Nast Publications Ltd/House and Garden, April 1997/Simon Upton; **88** CP; **89** o CP, u CP; **90** l IA/Andrew Wood, r Mitchell Beazley/James Merrell; **91** IA/C Simon Sykes; **92** CP; **93** l CP, r CP; **94** l Crafts Council/Ron King, r Crafts Council/Roger Powell; **95** o Crafts Council/Ron King, m Crafts Council/Romilly Saumarez-Smith, u Crafts Council/Les Bicknell; **96–97** View/Peter Cook/Tugman Partnership; **98** Marianne Majerus/Design: Barbara Weiss; **98–99** International Interiors/Paul Ryan/Kastrup & Sjunnesson; **99** EWA; **100** o View/Conran Tugman/Peter Cook, u IA/Henry Wilson; **101** EWA; **102** Arcaid/Alberto Piovano/1991/Designer: P Robbrecht; **103** o CP, u CP; **104** o EWA, u Marianne Majerus/Design: Barbara Weiss; **105** Marianne Majerus/Design: Barbara Weiss; **106–107** Robert Harding Picture Library Syndications/ Country Homes & Interiors/IPC Magazines Ltd; **108** u Ralph Ball; **109** o Ralph Ball, u Ralph Ball; **110–111** View/Greenberg & Hawkes/Peter Cook; **112** Henry Wilson/Mark Guard & Associates; **113** o EWA, u Michael Freeman; **114** o Arcaid/Richard Bryant/Architekt: Richard Rogers Partnership, u National Trust Photographic Library/Dennis Gilbert; **115** View/Peter Cook /Architecton; **116** EWA; **116–117** Tim Street Porter; **117** Robert Harding Picture Library/David Giles/Homes & Ideas/© IPC Magazines; **118–119** IA/Fritz von der Schulenburg; **120** IA/Simon Upton; **121** l IA/C Simon Sykes; **121** r OPG/Simon Upton, **122** o OPG/Enid Marx, u l AKG, London, u r V&A; **123** o V&A/Eric Gill, u OPG/Faber & Faber/ V&A/Berthold Wolpe; **124–125** IA/Fritz von der Schulenburg; **126** National Trust Photographic Library/Nadia MacKenzie; **127** Arcaid/Richard Bryant/1987; **141** Michael Freeman; **142** View/Peter Cook; **143** EWA
Seiten 129-138: Zeichnungen © OPG / Michael Ripley, farbige Illustrationen © OPG Amanda Patton
©OPG/by Amanda Patton